Bibliografische Information der Deutschen Nationalbiliothek: Die Deutsche Nationalbibliothek verzeichnet diese Publikation in der Deutschen Nationalbibliografie; detaillierte bibliografische Daten sind im Internet über http://dnb.dnb.de abrufbar.

Copyright: 2016 Christian Dorn

Herstellung und Verlag:
BoD – Books on Demand, Norderstedt

ISBN: 9783739226156

Lernen mit Leusel
Lernen unter Selbstkontrolle® im Rahmen technologieunterstützter Wissensvermittlung

INHALT

Seite 9
Vorwort

Seite 14
Einleitung

Seite 18
Situation

Seite 28
Geschichte

Seite 33
Theorie

    LUS® Grundlagen (für den Präsenzunterricht)

    Leistung unter Belastung - ein Phänomen

    Ready to Learn - der lernbereite Zustand

    Lernen unter Selbstkontrolle - vom Labor in die Schule

    Implementierung und Nutzen

    LUS® Unterrichtsmodell

LUS® in der technologieunterstützten Wissensvermittlung

Medien + Gehirn = Schule + Computer

eLearning + LUS® = e LUS, oder?

Adaption der Urform - Integration der Methoden

Seite 79
Vision

Seite 85
Bibliothek

Seite 100
Autor

Seite 102
Leseempfehlungen

VORWORT

Vor mehr als 100 Jahren stellte Hermann Ebbinghaus in seinem Wegweisenden Werk „Über das Gedächtnis" die wesentlichen Eigenheiten dieser wichtigen Fähigkeit des Menschen dar. So vor allem die betrübliche Tatsache, das alle neu eingeprägten Inhalte in erschreckendem Tempo wieder vergessen werden und das es, um Informationen dauerhaft im Gedächtnis zu verankern, ganz besonderer Strategien bedarf. Solche wurden zwar in der Folgezeit entwickelt und werden in der Regel bereits im Einführungsteil jedes Lernpsychologie- oder Didaktik-Kurses dargestellt, wer aber Unterrichtssituationen beobachtet, wird mit Staunen feststellen, dass sich diese Erkenntnisse nur in bescheidenem Ausmaß auf das tatsächliche Geschehen im Klassenzimmer oder Hörsaal auszuwirken scheinen. Ein Großteil aller Vortragenden geht offenbar nach wie vor davon aus, dass die Hörerschaft mit gleichförmiger Aufmerksamkeit zumindest eine Dreiviertelstunde lang den Ausführungen zu folgen im Stande ist und alle dabei vorgetragenen Inhalte in Zukunft abrufbar sein werden, so dass man sich in der folgenden Unterrichtseinheit eiligst dem nächsten Informationsbrocken zuwenden kann.

Haben es Erkenntnisse, die ihren hundertsten Geburtstag hinter sich haben, nicht geschafft, den Schulalltag zu verändern, so gilt das in noch höherem Maß für diejenigen Fakten, welche die moderne Kognitionsforschung und

Neuropsychologie erst in jüngster Zeit erarbeitet hat. Am Wiener Institut für Psychologie ermöglichten die Entwicklungsarbeiten von Herbert Bauer die Beobachtung von hirnelektrischen Größen, welche die aktuelle Bewusstseinslage widerspiegeln und unter anderem erkennen ließen, dass diese andauernden Schwankungen unterworfen ist, die sich auf die aktuelle Leistungsfähigkeit auswirken. Ließen wir Personen in genau diesem Augenblick lernen, in welchem ihr Gehirn aus einer desaktiviert-entspannten Phase in höhere Wachheiten und Aktiviertheit überging, so waren ihre Behaltensleistungen im Durchschnitt um beachtliche 25% höher, dass heißt, sie befanden sich in einem „lernbereiten Zustand"!

Waren diese Arbeiten zunächst reine Laborforschung, konnten wir diese Einsichten bald auch für den Unterrichtsalltag nutzbar machen, als sich nämlich zeigte, dass dieses Einschalten eines leistungsfähigeren Zustandes mit höchst einfachen, alltäglichen Selbstkontroll-Strategien – wie beispielsweise muskulärer Entspannung – herbeigeführt werden kann, die sich leicht vermitteln und in jeder Unterrichtssituation einsetzen lassen. Für diese Umsetzung in die Praxis ist vor allem dem damaligen Direktor der Pädagogischen Akademie des Bundes, Franz Beer, für seine tatkräftige Unterstützung zu danken.

Gemeinsam mit Erich Vanecek habe ich sodann – der zentralen Idee der gezielten Bewusstseinessteuerung ausgehend – verschiedenste Erkenntnisse der Lernpsychologie eingebunden, durch deren Einsatz die Stoffdarbietung optimiert, die Einprägung durch geeignete Wiederholungen verbessert und Gedächtnishemmungen vermieden werden können. So entstand schrittweise das Unterrichtsmodell „Lernen unter Selbstkontrolle" – LUS®, dessen Bezeichnung ungeändert blieb – und bleiben sollte –, obgleich sich zur Selbstkontrolle bald eine Fülle von didaktischen Strategien gesellte. Denn der wesentliche Kern sollte die Schulung der in unserer leistungsorientierten Welt weitgehend in Vergessenheit geratenen Fähigkeit bleiben, auch abschalten zu können und für eine Weile in einen Zustand kontemplativer Ruhe einzutreten.

Verlockender als solide Lernstrategien, mit deren Hilfe der – nach wie vor mühevolle – Weg des Wissenserwerbs optimiert und abgekürzt werden kann, sind erfahrungsgemäß Hoffnungen auf einen Nürnberger Trichter. So erfreuen sich Angebote fortdauernder Beliebtheit, in denen angeblich immer gewaltigere Stoffmengen in zunehmend kürzerer Zeit lebenslang gespeichert werden können – oft unterstützt durch geeignete gar – Traum jedes Schülers – als „Hypnopädie": tonbandunterstütztes Lernen im Schlaf.

(Quelle: Monghy & Rutkowski 1998)

Univ. Prof. Dr. G. Guttmann

EINLEITUNG

Unser (Er-)Leben wird immer komplexer - schauen sie sich nur mal die hoffentlich gut gesicherte Liste ihrer Passwörter und Benutzernamen an - um nur ein profanes Beispiel zu nennen. Aber auch die Geschwindigkeit nimmt zu, was daraus resultiert, dass immer mehr muss in immer kürzerer Zeit erledigt werden muss. Dies gilt auch - oder vielleicht sogar insbesondere - für das (lebenslange) Lernen. Dabei wird vergessen, dass Menschen, auch wenn sie zunehmend so behandelt werden, keine Maschinen sind, die im Gleichtakt funktionieren und schon gar nicht so lernen können. Das G8 (also das nur noch 8jährige Gymnasium) als bester Beleg und gleichzeitig schlechtestes Beispiel einer völlig verfehlten Bildungspolitik zweifelhaft motivierter CSU-PolitikerInnen, macht die Praxen von Kinder- und Jugendpsychotherapeuten voll und die Köpfe leer. Dabei käme es gerade in diesem so unsäglichen Setting - das immer öfter auch noch durch schlechtes eLearning weiter enthumanisiert wird - darauf an, den SchülerInnen zu vermitteln wie dieser Spagat zu schaffen ist. Der stetige Anstieg unserer habituellen - also der unserer Persönlichkeit zugrundeliegenden - Aktivierung, durch die Medialität, die solche und ähnliche Maßnahmen bedingt, die unsere Kinder angeblich konkurrenzfähiger machen sollen, sorgt dafür, dass wir, sobald wir darüber hinaus gefordert werden, scheitern. Um diesem Missstand zu begegnen, müssen an den Schulen und in den Betrieben

Methoden zur Anwendung kommen[1], die dafür sorgen, dass es gar nicht erst zu einer Überaktivierung kommt. Die Methode des „Lernen unter Selbstkontrolle" - hier sogar für den Einsatz im Rahmen technologieunterstützter Wissensvermittlung adaptiert - ist eine solche Methode. Optimale Leistung kann dann abgerufen werden, wenn das individuell optimale Aktivierungsniveau herbeigeführt und über eine gewisse Zeit gehalten werden kann. Das aber sehen Schule und Arbeitswelt nicht vor.

Dabei ist es keineswegs so, dass man den Menschen - auch den Kindern und Jugendlichen - nicht ein gewisses Maß an Mehrleistung abverlangen kann, es kommt nur darauf an wie man das anstellt. Während im G8 die SchülerInnen reihenweise mit Überforderung und daraus resultierend mit Stresssyndromen bis hin zu therapiepflichtigen Angststörungen, zu kämpfen haben, meinen SchülerInnen in alternativen Schulkonzepten, wie die „Treibhäuser der Zukunft"[2] sie ausführlich zeigen, dass das Abitur in nur noch 8 Jahren kein grösseres Problem darstellt. Ähnlich verblüffendes gilt übrigens auch für die Ganztagesschule. Während SchülerInnen an herkömmlichen Belehrungsanstalten schreiend davonrennen wenn man die Ganztagsschule ins Gespräch bringt, können sich die „Teibhäuser-

---

[1] vgl. auch Dorn 2015 DST

[2] vgl. brilliante DVD von Reinhard Kahl

SchülerInnen" gar nichts anderes vorstellen und reagieren sogar entrüstet auf Vorschläge die Tagesschulzeit wieder auf das leider noch vielerorts übliche zu reduzieren, reagieren.

Aber wie erreicht man einen so dramatischen Sinneswandel?

Ich verrate ihnen wie sie Überaktivierung vermeiden und aus Prüfungssituationen künftig erfolgreich hervorgehen!

SITUATION

Beginnend vor ungefähr 30 Jahren führten die „Neuen Medien" (NM)[3] einen Paradigmenwechsel herbei, der in seiner aktuellen Ausprägung das soziopolitische Wirkungsgefüge sowie die Bewusstseins- und Handlungsstrukturen der Menschen tief greifend beeinflusst.[4] Auslöser hierfür ist die Medialisierung[5] mit ihrer massenhaften Verbreitung NM wie z.B. dem Personal Computer, der weltweiten Vernetzung durch das Internet, der Kommerzialisierung des Fernsehens und der Digitalisierung der Kommunikationsoptionen. Die aus diesem Wandel resultierenden Folgen machen auch ein Umdenken im Bereich der schulischen Wissensvermittlung, Bildung und Ausbildung dringend und schnellstens erforderlich.

---

[3] Im Rahmen dieser Arbeit sind „Neue Medien" (NM) als auf ein breites Rezipientenspektrum ausgerichtete Vermittler von Inhalten zu verstehen, deren Übertragungs- und Speichermodi (mehrheitlich) auf digitalen Datenformaten basieren.

[4] Vgl. Ulrich Greiner, „Wenn der Druck steigt", Die Zeit 19 (2002), 18. Januar 2003 <http://www.zeit.de/2002/19/Kultur/print_200219_erfurt.html>.

[5] Medialisierung meint die massenhafte Verbreitung und Anwendung von auf digitalen Datenformaten basierenden Kommunikationsoptionen (NM). Theoretisch könnte man sich diesem Prozess entziehen, allerdings nur bis zu dem Punkt, wo die Verbreitung einen kritischen Punkt überscheitet.

Kommen NM an Schulen derart zum Einsatz wie es derzeit den Anschein hat, dann wird sich das System Schule und mit ihm die Gesellschaft in wenigen Jahren mit – soweit das überhaupt möglich ist – noch erheblichern Problem durch die Bedingungen „am Arbeitsplatz" Schule (insbesondere im Rahmen des G8) konfrontiert sehen. Nämlich dann, wenn immer mehr in immer kürzerer Zeit bewältigt werden soll, wenn notwendige Kompetenzen für die adäquate Rezeption über neue Medien bereitgestellte Informationen fehlen, wenn sich Lernprozesse immer weiter verdichten, wenn Rückzug und Separierung weiterhin als „Individualisierung" stilisiert werden und wenn die Optionen für die Zeit nach der Schule immer diffuser und unsicherer werden.

In der – von NM durchdrungenen und durch sie transformierten Arbeitswelt (vgl. Glotz 1999) beginnen sich entsprechende Konsequenzen bereits überdeutlich abzuzeichnen, wie Dr. Hans-Peter Unger, Leiter der psychiatrischen Abteilung des Krankenhauses Harburg schon zur „Halbzeit" der Medialisierung zu berichten wusste:[6]

---

[6] Vgl. Bachmann A. und Kappel B., „Wenn der Job zur Qual wird – Psycho-Stress am Arbeitsplatz", BR report – Sendetermin: 23.06.2003, 16.07.2003 <http://www.br-online.de/daserste/report/archiv/2003/00024/>

„Die Hauptursachen liegen in den Veränderungen in der Arbeitswelt, die in den letzten Jahren stattgefunden haben, häufige Reorganisation, unklare Hierarchien, viel mehr Arbeit in zeitlich begrenzten Projektgruppen ohne das immer feste Bezugspartner für den einzelnen festzustellen sind und sie liegen natürlich in der großen Arbeitsverdichtung und in der Sorge um den Arbeitsplatz."

Dass es sich dabei nicht um Einzelfälle handelte, zeigt auch der jüngste DAK-Gesundheitsreport. Bei einem ansonsten niedrigen Krankenstand steigen die Krankentage aufgrund psychischer Beeinträchtigungen an. Der Autor des DAK-Gesundheitsreports von 2002, Hans-Dieter Nolting vom Institut für Gesundheits- und Sozialforschung in Berlin meinte schon damals dazu:[7]

„Wir müssen uns fragen, ob wir nicht bestimmte Bedingungen haben an den Arbeitsplätzen in unserer Arbeitswelt, die dazu führen, dass diese Probleme wie depressive Störungen, Angststörungen und ähnliche Dinge ein immer stärkeres Gewicht bekommen und wir müssen uns darum kümmern: was sind die Ursachen? Was

---

[7] Vgl. Bachmann A. und Kappel B., „Wenn der Job zur Qual wird – Psycho-Stress am Arbeitsplatz", <u>BR report</u> – Sendetermin: 23.06.2003, 16.07.2003 <http://www.br-online.de/daserste/report/archiv/2003/00024/>

kann man auch möglicherweise durch Maßnahmen in den Unternehmen beeinflussen?"

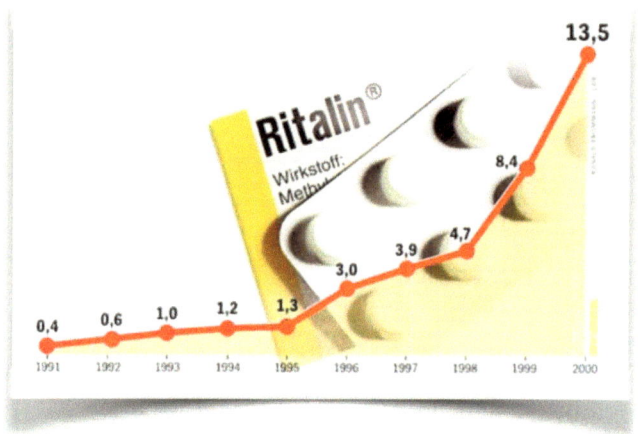

Abb.: Verordnungsentwicklung von Methylphenidat in Deutschland im Zeitraum 1991 bis 2000 in Millionen Tagesdosen (Quelle: Arzneiverordnungsreport / Der Spiegel; derzeit liegt die Verschreibungsrate bei ca. 80 Mio. Tagesdosen...)

Im Wissen um die – noch kritische – Haltung meines Lehrers Giselher Guttmann, erlaube ich mir auch an dieser Stelle dennoch auf eine Auffälligkeit hinzuweisen. Wie in vielen anderen Bereichen – beispielhaft die Verschreibungshäufigkeit von Ritalin – besteht auch hier eine zeitliche Übereinstimmung zwischen der massenhaften Verbreitung NM und dem Anstieg psychischer Störungen. Seit 1991 ist zum Beispiel die Zahl der verschriebenen Ritalin-Tagesdosen – Ritalin gehört zur Gruppe der Amphetamine und wird zur Behandlung von Aufmerksamkeitsdefizit und Hyperaktivität insbesondere bei Kindern und Jugendlichen eingesetzt – von 0,4 auf rund 13,5 Millionen gestiegen (derzeit, 2015 sind es bereits ca. 80 Mio. Tagesdosen). Bedenklich genug sollte man meinen, vergleicht man aber den Anstieg ab 1997 (s. Abb. o.), dann stellt man fest, dass dieser analog zum Anstieg der psychischen Störungen im Arbeitsumfeld verläuft, den die DAK in ihrer Studie dokumentiert (von 3,9 auf 13,5 Mio. Tagesdosen). Im Übrigen sei darauf hingewiesen, dass u.a. das Internet in etwa zu dieser Zeit begonnen hat unsere Welt zu einem „small planet" zu machen, der dann, zum Beispiel einer Invasion des Handys (um nur ein Beispiel zu nennen), nichts mehr entgegenzusetzen hatte (vgl. u.a. Weizenbaum 1978, 1984, Dorn 2003; 2015). In dieser „digitalen Ökonomie" (vgl. Glotz 1999) lebt der Mensch nicht mehr selbstbestimmt, vielmehr korrumpieren die durch digitale Datenformate transformierten gesellschaftlichen Systeme das Leben womit einmal mehr die Frage im Raum steht, die J. R. R. Tolkien (u.a. „Der kleine Hobbit", „Herr der Ringe") schon zur Zeiten der Industrialisierung und des 1. und 2. Weltkriegs umtrieb (vgl. Nagula 2001): Können wir etwas rückgängig machen, das (vielleicht) gar nicht erst hätte entstehen dürfen? Die Geschichte lehrt uns, dass der Mensch vieles vermag, bis auf das eine (der auf glasharten Lügen basierte und vorsätzlich herbeigeredete 2. Golfkrieg mach das mehr als deutlich). Es kann also nur darum gehen, Bewusstsein zu schaffen – im Bezug auf unser individuelles Sein und die uns umgebende Welt – und so gut es geht lenkend einzugreifen, um den Schaden – an Leib und Seele – in Grenzen zu halten. LUS® ist zweifellos ein wichtiger und richtiger Schritt in diese Richtung:

LUS® im engeren Sinn bedeutet, durch Entspannungs- bzw. Aktivierungstechniken willentlich einen lernbereiten Zustand herbeizuführen und damit eine optimale Ausgangssituation zur Aufnahme von Lehrinhalten zu erreichen. Die Selbstkontrolle besteht darin, durch gezielte Arbeit mit dem Körper (Entspannung, Aktivierung) das Gehirn aufnahmefähig zu machen.

LUS® im weiteren Sinn hat das Lernen von Lebensstrategien zur Folge. Der Mensch ist in der Lage, nicht nur unter Selbstkontrolle zu lernen, sondern auch Leistung unter Selbstkontrolle zu vollbringen und sein Leben unter Selbstkontrolle zu gestalten.

(Quelle: Monghy & Rutkowski 1998)

Aus diesen Gründen und denen, die der brillante Joseph Weizenbaum – den zu kennen ich die Ehre hatte – schon vor Jahren postulierte, und nicht zuletzt weil ich um das Potenzial weiß, das die Methode des LUS® birgt, halte ich die gegenständliche Weiterentwicklung für wichtig, richtig und schon längst überfällig.

Diese beschriebenen Prozesse medialer Sozialisation, konkretisiert Guttmann im Hinblick auf das „Lernen in der Schule der Zukunft" im Rahmen eines gleichermaßen überschriebenen Artikels. In diesem Artikel stellt Guttmann, aus Sicht des (in der Medialität[8]) Lernenden, die Sinnhaftigkeit des „individuellen Einprägens von Kenntnissen" in Frage, wenn diese doch – basierend auf digitalen Datenformaten – jederzeit mit einem „Klick" – zum Beispiel aus dem World Wide Web – abgerufen werden können. Vor diesem Hintergrund stellt sich nicht nur Schülerinnen und Schüler die Frage, ob es nicht vollkommen ausreichend ist, wenn die Schule künftig nur noch die Fertigkeiten vermittelt, die notwendig sind, um an diese Informationen zu gelangen?

„Und damit stoßen wir auf ein Kernproblem der Schule der Zukunft: Denn je grösser das potentiell verfügbare Wissen, umso höher sind auch die Anforderungen an alle, die dieses sinnvoll nützen

---

[8] Medialität meint die aus Medialisierung und medialer Durchdringung resultierende subjektive Wahrnehmung und das daraus resultierende gesellschaftliche und individuelle Wertesystem.

sollen. Gerade die nahezu unbegrenzte Informationsfülle stellt allerhöchste Anforderungen an diejenigen, die diese Informationen zu verwalten haben werden. Wie wir uns mit Menschen einer anderen Kultur nur verständigen können, wenn wir ihre Sprache beherrschen - und das Erlernen einer Fremdsprache ist immer noch das überzeugendste Beispiel für konventionelles Lernen - so können wir auch all die neuen Möglichkeiten nur nützen, wenn wir die Kommunikationsmittel beherrschen, die den Zugang zu ihnen ermöglichen. Dabei werden höchste Anforderungen an den Lernenden gestellt, da in dieser neuen Welt des Informationsmanagements die Halbwertszeit eben erworbener Kenntnisse immer kürzer zu werden scheint und ganz offensichtlich Lernen zu einer lebenslangen Anforderung wird. Die Frage, wie wir unsere Lernfähigkeit optimieren können stellt sich daher für die Schule der Zukunft dringlicher denn je - nicht trotz, sondern gerade im Hinblick auf die neuen Technologien."

(Quelle: Univ. Prof. Dr. Giselher Guttmann, „Lernen in der Schule der Zukunft")

In diesem Zusammenhang postuliert Guttmann eine aus seiner Sicht noch entscheidendere Forderung. Der Prozess – insbesondere der schulischen Wissensvermittlung – muss stets zum Ziel haben, dass die Lerner in die Lage versetzt werden, gerade in „einer Welt des offen bereitliegenden Wissens ein wohlgeordnetes Weltbild aufzubauen [. . . .], in das jede neue Information am rechten Platz eingefügt werden kann". Diese Forderung – die auch ich stelle(vgl. Dorn 2003; 2015) – ist unabdingbar, denn wie die Disziplinen der Neuropsychologie und der Neurodidaktik lehren (vgl. Spitzer 2000, 2002) muss Wissen, soll es zu handlungsbereitem Wissen werden, im Kopf eines Menschen – assoziativ – verankert sein (propositionale Netze). Ist dies nicht der Fall, also dann, wenn die rezipierten „Informationsfragmente" bezugslos (assoziationsfrei) „im Kopf kreisen", können auch die besten Informationen nicht zu solchen Erinnerungsstrukturen werden, die über die Aufmerksamkeit gesteuert, zu bewusstem, zielgerichteten Handeln führen.

„Nicht zuletzt aber sollte man die Schule auch als eine Modellsituation des Lebens betrachten, die jedem die Chance gibt, der Forderung: "Erkenne dich selbst" nachzukommen. Denn unter vergleichsweise risikoarmen Bedingungen können dort soziale Lernprozesse durchlaufen und Selbsterfahrungen gesammelt werden, die den Betreffenden befähigen, im späteren Leben bei Bedarf optimale Leistungen zu erbringen oder die Belastungssituationen erfolgreich zu bewältigen, denen er unweigerlich begegnen wird."

(Quelle: Guttmann, „Lernen in der Schule der Zukunft")

GESCHICHTE

Mit dieser Aussage spielt Guttmann seinerseits auf die Prozesse medialer Sozialisation an, die ich eingangs beschreibe. Die Auswirkungen einer zunehmend medialen Sozialisation rücken damit ins Zentrum einer in Transformation befindlichen Wissensvermittlung und Schulentwicklung. Diesen Auswirkungen (vgl. Dorn 2003; 2015) kann LUS® begegnen.

Spätestens seit im Jahre 1960 auf der UNESCO Weltkonferenz der Begriff der „Permanenten Bildung" (life long learning, education permanente) geprägt wurde, begann innerhalb der Pädagogik und der Psychologie die bis heute andauernde Suche nach neuen Wegen der Wissensvermittlung. Ende der 70er Jahre, lange bevor die Neuen Medien die Bildungsdiskussion zu dominieren begannen, erschien unter dem Titel „Leichter lernen ohne Stress.
Superlearning" (Sheila und Nancy Ostrander, Lynn Schroeder 1979) eine Publikation, die erstmals die Lernmethode der „Suggestopädie" des bulgarischen Arztes Losanow zum Gegenstand hatte. Die darin beschriebenen Möglichkeiten machten Glauben, dass der „Nürnberger Trichter" nunmehr endlich erfunden sei. In der Tat gelang es, im Rahmen der Sprachlehre, Gruppen nach 500 Worten pro Tag, 1000 (1966) und dann sogar 1800 Worte (1974) pro Tag lernen zu lassen. 1977 berichtete Losanow sogar, dass „manche Tests

eine Aufnahmekapazität von 3000 Worten pro Tag nachgewiesen hätten" (Ostrander & Schroeder, 1979, S. 41).

Die Folge war – wie nicht anders zu erwarten – das suggestopädische Ansätze auch ins Regelschulwesen übernommen wurden (z. B. in Wien Mitte der 70er Jahre an den Übungsschulen der Pädagogischen Akademie des Bundes in der Ettenreichgasse; dieser Schulversuch musste allerdings schon bald wieder abgebrochen werden). In der Folge wurde mit einem neuen Modell experimentiert, das am Psychologischen Institut der Universität Wien von Guttmann und Vanecek entwickelt, ebenfalls die Optimierung des Lernprozesses und der Behaltensleistung zum Ziel hatte (ursprünglich „Wiener- oder Guttmann/Vanecek-Modell" genannt) aber im Gegensatz zum Superlearning u.ä. Methoden, auf einer soliden theoretischen Basis stand, indem es fundamentale lernpsychologische Grundlagen sowie aktuellste Erkenntnisse der modernen Hirnforschung zugrunde legte. Eine äußerst aufwendige empirische Studie belegte sodann – im Rahmen eines erneuten Schulversuchs (Vanecek, 1982) – auch die eindrucksvolle Überlegenheit gegenüber der herkömmlichen Vermittlungsmethode. Trotz dieser Erfolge gelang es nicht das Wiener Modell auf breiterer Basis zu etablieren. Zum Einsatz kam es über mehrere Jahre nur am Musikgymnasium in der Neustiftgasse in Wien (Bauer, 1983).

In der Mitte der 80er Jahre erreichte Guttmann dann ein Ruf aus dem Fürstentum Liechtenstein. Dort sollte er seine Vorstellungen vom Lernen und Lehren – jetzt LUS® (Lernen unter Selbstkontrolle) – erneut vorstellen. Zwar konnte sich die Methode auch in Liechtenstein nicht vollumfänglich durchsetzen, hinterließ aber im kürzlich in Kraft getretenen neuen Lehrplan unverkennbar seine Spuren (Idee des Kernstoffes). Darüber hinaus existiert mit der von der Stiftung Neues Lernen betriebenen Sekundarschule „formatio" eine Übungs- und Modellschule, in der LUS® planmäßig und in größerem Rahmen erprobt und weiterentwickelt wird.

Zu Beginn der 90er Jahre wurde LUS® vom Rektor der Sekundarschule „formatio" Dr. P. Theurl dann zunächst in die Erwachsenenbildung eingeführt (Theurl, 1995) um nach und nach auch in Volksschulen, vor allem im 15. Wiener Gemeindebezirk, Fuß zu fassen. Durch die Unterstützung von BSI Manfred Pinterits und LSI Walter Weidinger gelang es Theurl in relativ kurzer Zeit einige Standorte im 7. IB zu installieren, an denen LUS® fester Bestandteil der pädagogischen Arbeit geworden ist. Mitte der 90er Jahre schließlich fand auf Initiative von Johanna Juna ein LUS®-Projekt am Pädagogischen Institut der Stadt Wien statt, in dessen Rahmen u.a. erstmals versucht wurde, LUS® mit Hilfe der

Aktionsforschung zu evaluieren. In weiterer Folge dieses Projekts fand LUS® Eingang in die Lehreraus- und -fortbildung.

(Basierend auf dem Artikel „Lernen unter Selbstkontrolle® - eine Einführung", Dr. P. Theurl, sowie persönlicher Gespräche und Interviews)

THEORIE

LUS® - Grundlagen (für den Präsenzunterricht)

Leistung unter Belastung – ein Phänomen

Das Institut für Psychologie an der Universität Wien beschäftigte sich unter der Leitung von Prof. Guttmann seit den 80igern mit der menschlichen Leistungsfähigkeit. Von besonderem Interesse in diesem Zusammenhang war dabei stets die veränderte Leistungsfähigkeit unter Belastung. Am Anfang der Forschung stand die Erkenntnis, dass sich Belastung auf das menschliche Verhalten höchst unterschiedlich auswirkt. Während es einerseits Menschen gibt, die unter Belastung zu einem deutlichen Leistungsabfall (den man auch aus Alltagserfahrungen unter Stress erwarten würde) neigen, gibt es andererseits auch solche, die gerade in Belastungssituationen einen massiven Leistungszuwachs erfahren oder gar zu Höchstleistungen fähig sind. Da ein solches Phänomen kaum Labor-Situationen ergründet werden konnte, wandte sich das Team um Professor Guttmann dem sportlichen Umfeld zu und dort Disziplinen, die mit einer respektablen Angstbelastung (Stressbelastung) einhergingen, wie etwa Klettern Fallschirmspringen und Regattasegeln aber auch Tischtennis, Eishockey, Judo und Orientierungslauf.

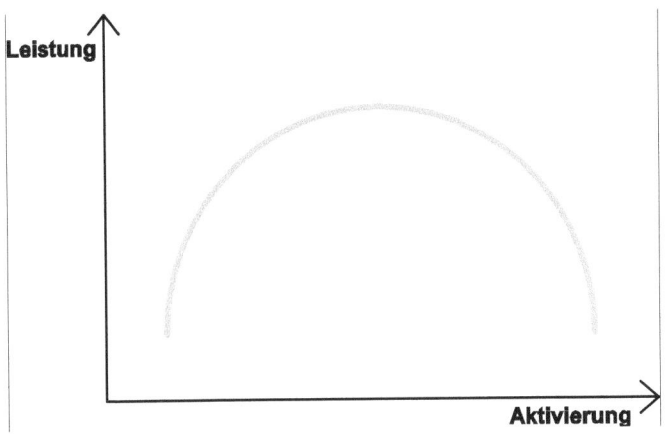

Abb. Leistung vs. Aktivierung: Die verkehrt-u-förmige Beziehung zwischen Aktivierung und Leistung: Hat die Leistungsfähigkeit ihren Höhepunkt erreicht, wirkt jede weitere Aktivierung leistungssenkend.

Die ersten Versuche wurde im Rahmen eines Universitäts-Kletterkurses durchgeführt, da sich diese Sportart – wie leicht nachzuvollziehen ist – als ideale Anordnung für die Ermittlung von Leistungsänderungen unter hoher Angstbelastung darstellte (vgl. Heitzlhofer 1978, Lackner 1979). Im Rahmen dieses Versuchs, hatte die Probanden einen fast senkrechten 10m-Riss zu durchsteigen. Als die Leistungsfähigkeit der Kletterer verglichen wurde, stellte sich – jetzt erstmals empirisch untermauert – überraschendes heraus: einige der Probanden erbrachten tatsächlich eine weitaus bessere Leistung, als nach ihren Testwerten unter

Neutralbedingungen zu erwarten gewesen wäre, wohingegen einige „Hoffnungsträger" versagten.

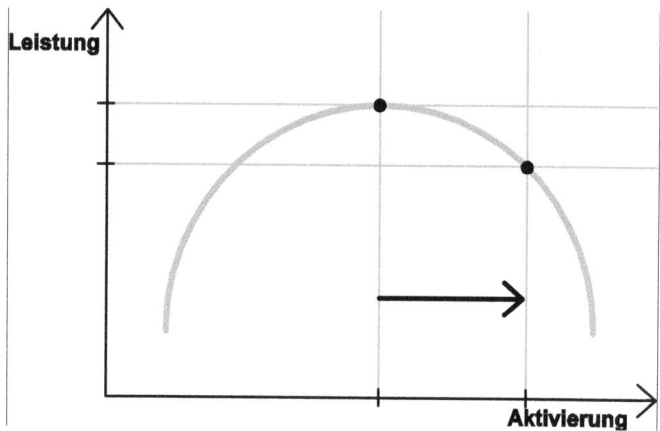

Abb. Trainingsweltmeister: Der Trainingsweltmeister ist habituell so hoch aktiviert, dass er in der unbelasteten Situation bereits sein Leistungsmaximum erreicht. Die zusätzliche Aktivierung, die durch die Belastung in der Leistungssituation hervorgerufen wird, katapultiert ihn über den optimalen Bereich hinaus.

Für die letztgenannte Gruppe übernahm Guttmanns Team von den Trainern in der Folge den Ausdruck "Trainingsweltmeister", der von diesen für diejenigen Athleten gebraucht wurde, die in kritischen Wettkampfsituationen immer weit schlechter abschnitten als im Training wenn es um „nichts" ging und der seit dem eng mit LUS® verbunden ist.

Womit die Frage nach der Erklärbarkeit dieses Phänomens im Raum stand, aber viel mehr noch die Frage nach einer möglichen Therapie für „Trainingsweltmeister".

„Denn nicht nur im Sport, sondern auch im Berufsleben und im schulischen Bereich begegnen uns zahllose Personen, die in Belastungssituationen weit unter ihrem Wert geschlagen werden, so dass eine Früherkennnung dieser Reaktionsneigung und das Anbieten von geeigneten Gegenmassnahmen ein weitverbreitetes Problem darstellt."

(Quelle: Univ. Prof. Dr. Giselher Guttmann, „Lernen in der Schule der Zukunft")

Um diesem Problem zu begegnen, das heute aktueller denn je ist, wie eingangs darstellt, wurden eine neue diagnostische Strategie entwickelt. Mit Hilfe der „Ergopsychometie" genannten Methode wurden im Rahmen verschiedener Sportarten (vgl. Weingarten 1980, Beiglböck 1983, Bischof 1983, Mayrhofer 1986, Philipp 1988) Testungen in Neutralsituationen und unter Belastung durchgeführt.

Nach Auswertung der erbrachten Leistungen war dann eine erstaunlich sichere Prognose über die Leistungsfähigkeit unter Belastung möglich (vgl. Guttmann 1982, 1984, 1986, Guttmann & Etlinger

1987). Trotz vieler interessanter Anwendungsoptionen für dieses Verfahren zum Beispiel im Rahmen beruflicher Eignungsuntersuchungen (Kampfpilotenauslese) oder in der klinischen Diagnostik (vgl. Krehan-Riemer 1986, Kryspin-Exner 1987, Roustanyan 1988, Schwarz 1986), standen für Guttmann stets die „schulischen Trainingsweltmeister", also Kinder, die in Schularbeits- oder Prüfungssituationen scheinbar grundlos weit hinter ihren Möglichkeiten zurückblieben, von besonderem Interesse.

In Guttmanns Augen war es dann nur konsequent, in groß angelegten Studien durch Langzeitbeobachtungen von rund 1000 Kindern, geeignete Methoden für eine testpsychologische Früherkennenung von schulischen Trainingsweltmeistern zu entwickeln (vgl. Isak 1988, Monghy 1990, Reznicek 1986, Steiner 1987, Eichelter 1990).

„Dabei zeigte sich, dass tatsächlich durch geeignete ergopychometrische Testungen ziemlich verlässliche Vorhersagen auf das in realen schulischen Belastungssituationen beobachtbare Leistungsverhalten getroffen werden können. Dadurch wurde es möglich, schulische Trainingsweltmeister frühzeitig zu erkennen und ihnen eine wirksame Therapie anzubieten."

(Quelle: Univ. Prof. Dr. Giselher Guttmann, „Lernen in der Schule der Zukunft")

Auf der Suche nach einer solchen Therapie ging Guttmanns Team von der Annahme aus, dass ein unerwünschter Leistungsverlust unter Belastung in erster Linie dann auftritt, wenn die habituelle Aktivierung ein gewisses Niveau überschritten hat (Überaktivierung). Gelänge es, in Erkenntnis dessen, das Aktivierungsniveau zu senken, würde es nicht mehr zu einem unerwünschten Leistungsabfall kommen, so die Theorie. Tatsächlich konnte dieses Ziel durch ein einfaches, auf muskulärer Entspannung basierendes Selbstkontrollprogramm erreicht werden, das bei nahezu allen Kindern, die zunächst unter Belastung einen Leistungsabfall gezeigt hatten, diesen zumindest verringerte, bei vielen von ihnen jedoch sogar zu einem Leistungszuwachs führte. Einen wesentlichen Impuls für die Gestaltung dieses Selbstkontrollprogramms lieferten allerdings Ergebnisse aus einem ganz anderen Bereich, nämlich auch dem Labor der Neuropsychologie.

„Ready to Learn" – der lernbereite Zustand

Etwa zur Zeit der Trainingsweltmeister-Studien machten es die bahnbrechenden Entwicklungen von Herbert Bauer an Guttmanns Institut möglich, hirnelektrische Untersuchungen durchzuführen, die die Bedeutung des kortikalen Gleichspannungspotenzials (also der batterieartigen Aufladung der Großhirnrinde) für Lernprozesse und Gedächtnisfunktionen zu untersuchen. Von besonderer Bedeutung in diesem Zusammenhang ist dieses Potenzial deshalb, weil es einen äußerst sensibler Indikator der lokalen kortikalen Aktivierung darstellt, der Auskunft darüber geben kann, ob und in welchem Umfang ein Hirnareal aktiviert ist oder eben nicht.

Um die permanenten Spannungsänderungen in Bezug zur aktuellen Leistungsfähigkeit einer Person setzen und untersuchen zu können, wurden computerunterstützte Experimente durchgeführt, in deren Rahmen Lernmaterial genau dem Augenblick dargeboten werden konnte, in dem eine spontane Veränderung des DC-Potentials (Gleichspannungspotenzials) eintrat. Diese Versuchsanordnung wurde später unter der Bezeichnung „Brain Trigger Design" bekannt (vgl. Guttmann & Bauer 1982, 1984).

Mit Hilfe des Computers wurden dabei laufend die kleinen Spontanschwankungen des Potentials registriert und das Lernmaterial immer nach einem spontanen Ansteigen beziehungsweise Absinken des kortikalen Aktivierungsniveaus dargeboten. Das überraschende Ergebnis dieser Studien war, dass die Lernleistung nach spontanen Negativierungen – die als Ausdruck eines Übergangs von niedriger zu mittlerer Aktiviertheit anzusehen sind – gegenüber der Kontrollbedingung, einem Absinken des DC-Niveaus (Gleichspannungs-Niveaus), um rund 25% gesteigert war. Diese Ergebnisse gaben den Anstoß, die zunächst als reine Grundlagenforschung geplanten Arbeiten, auch praktisch umzusetzen und durch ein gezieltes Auslösen des optimalen Aktivierungszustandes die Lern- und Leistungsfähigkeit zu erhöhen.

In einer Laborsituation gelang es dann auch bald, durch Biofeedback des aktuellen DC-Potentials (Gleichspannungspotenzials) entsprechend „lernbereite Zustände" beliebig herbeizuführen. Ermöglicht wurde dies, indem dem Probanden das aktuelle DC-Potential durch einen Ton rückgemeldet wurde, dessen Höhe sich mit der Elektronegativität veränderte (Bauer & Nirnberger 1980). Die Person vernahm also einen sirenenartig höher und tiefer werdenden Ton und wurde lediglich instruiert, diesen in eine der beiden Richtungen zu verschieben. Dies gelang jeder Versuchsperson in erstaunlich kurzer Zeit. Sie hatten somit – allerdings in einer höchst laborhaften Situation – gelernt, sich in einen lernbereiten Zustand zu versetzen.

Für die (schulische) Praxis erwies sich diese Methode natürlich als wenig brauchbar, schließlich sollte sie nicht nur im Labor, sondern in alltäglichen Lernsituation angewandt werden können. Versuche mit einer altbewährten Methode erwiesen sich als beinahe ebenso wirksam. Mit Hilfe der isometrischen Anspannung des Skelettmuskulatur ließen sich extrem starke Aktivierungssteigerungen herbeiführen wohingegen eine vertiefte nachfolgende Relaxation des Skelettmuskelsystems eine nachhaltige Senkung des Aktivierungsniveaus zur Folge hatte. Durch ein adäquates Wechselspiel aus beiden Bedingungen konnte ein optimales Aktivierungsniveau herbeigeführt werden, womit eine wirkungsvolle und leicht zu erlernende Selbstkontrolltechnik für den „lernbereiten Zustand" gefunden war, ebenso wie zur Therapie des „Trainingsweltmeisters".

Lernen unter Selbstkontrolle – vom Labor in die Schule

Die Überführung von LUS® aus dem Labor in die schulische Praxis erfolgte im Rahmen zahlreicher gemeinschaftlich von Giselher Guttmann, Erich Vanecek und Franz Beer durchgeführter Schulversuche zu Beginn der 80er Jahre (vgl. Vanecek 1985, Guttmann & Beer 1986). In diesem Rahmen wurde dann auch versucht, ein optimales „Drehbuch" für die Unterrichtsgestaltung zu entwickeln, welches auf den Erkenntnissen der Lern- und Gedächtnispsychologie aufbauen sollte. Eine bedeutende Rolle in diesem Zusammenhang kam der seit mehr als 100 Jahren bekannten und stets unterschätzten Methode der systematischen Wiederholung neuer Inhalte zu. Die entscheidende Rolle kam aber immer einem konsequenten Wechselspiel von konzentrierter Informationsbelastung und kontemplativer Ruhe zu, dessen Bedeutung in verschiedensten Lernsituationen auch durch empirische Studien gesichert werden konnte (vgl. Bauer 1983, Theurl 1995).

„Im Bemühen, die Lernenden wach und aktiv zu halten, dürfen wir niemals auf das Einblenden von "schöpferischen Pausen" vergessen. Perioden von kontemplativer Ruhe sind keine Zeitverschwendung, sondern garantieren - im richtigen Augenblick eingesetzt - eine solide

Einprägung neuer Inhalte und das Aufrechterhalten der Leistungsfähigkeit."

(Quelle: Univ. Prof. Dr. Giselher Guttmann, „Lernen in der Schule der Zukunft")

Implementierung und Nutzen

Seit diese Methode unter der Bezeichnung „Lernen unter Selbstkontrolle" (LUS®) als geschlossenes Unterrichtsmodell vorgestellt wurde (Guttmann 1986, 1990) wird sie ständig den neuen Anforderungen und dem veränderten Wissenstand entsprechend weiterentwickelt (Goldbacher 1996, Monghy & Rutkowski 1998), wozu meine Überlegungen hoffentlich ein klein wenig beitragen.

LUS® wird wie beschrieben mittlerweile an vielen Standorten in den verschiedensten Szenarien erfolgreich eingesetzt, die aber wohl umfassendste wissenschaftliche Betreuung durch empirische Begleitstudien erfährt die Methode des LUS® wohl aber in der Modellschule „formatio" im Fürstentum Liechtenstein. Im Hinblick auf das eingangs gesagte scheint besonders wichtig, dass sich neben der kognitiven Förderung auch nachhaltige positive Auswirkungen des LUS® auf den sozioemotionalen Bereich nachweisen lassen. So konnte nachgewiesen werden, dass

- in LUS®Klassen im Vergleich zu sorgfältig parallelisierten Vergleichsklassen harmonischere Gruppenbeziehungen, intensivere Sozialkontakte und ein besseres Klassenklima feststellbar waren.

- durch LUS® nicht die hochbegabten Schüler bevorzugt werden, sondern dass diese Unterrichtsstrategie vielmehr in höherem Masse die weniger begabten Kinder fördert.
- dass „Kinder ausländischer Herkunftssprache" in LUS®Klassen deutlich schneller und besser integriert werden können.

Letzteres hatte sich in einer Studie gezeigt, die am Forschungsinstitut von Professor Guttmann an der Universität für Humanwissenschaften im Fürstentum Liechtenstein durchgeführten wurde.

Diese Studie befasste sich mit einer neuerdings besonders gravierenden Problematik – eine der 7 Todsünden der Bildungspolitik (vgl. Richter 2001) – aus dem Blickwinkel des LUS® - die schulischen Probleme von Kindern nicht deutscher Herkunftssprache (Schiesser & Theurl 2001). Für diese Studie wurde eine Gruppe von Kindern im Alter von 10 und 11 Jahren mit unterschiedlich langer LUS®-Erfahrung einer vergleichbaren Kontrollgruppe gegenübergestellt, die konventionell unterrichtet worden war und mit einer umfangreichen Testbatterie kognitive und sozio-emotionale Variablen objektiviert. Die Auswertung erbrachte für alle LUS®-SchülerInnen signifikant niedrigere Prüfungsangst-Skores, höhere Flexibilität und eine gesteigerte Bereitschaft Sozialkontakte einzugehen. Besonders bedeutsam erscheint jedoch, dass die Kinder nicht deutscher Herkunftssprache der LUS®Gruppen, im verbalen Lerntest und im Aufmerksamkeitstest signifikant bessere Leistungen als die Schüler der Kontrollgruppe erbrachten, sodass damit auch für eine gegenwärtig in Österreich – und wohl auch vielen anderen Ländern (Deutschland, vgl. Richter 2001) – überaus kritische Schülergruppe die kognitiv wie auch sozio-emotional fördernde Auswirkung des Lernens unter Selbstkontrolle erwiesen werden konnte.

Das LUS®-Unterrichtsmodell

Zur Optimierung schulischer Lernprozesse, verwendet LUS® einen ganz besonderen Stundenaufbau, dem die nachfolgend beschriebenen und oben bereits z.T. erwähnten Gesetzmäßigkeiten der Lern- und Gedächtnispsychologie zugrunde liegen:

- Das Konzept der Kerninformation (vgl. Theurl, „Lernen unter Selbstkontrolle® – eine Einführung").
Auf den Punkt gebracht sind für Lernprozesse in erster Linie zwei hintereinandergeschaltete Speichersysteme verantwortlich: das Lang- und das Kurzzeitgedächtnis. Während der Langzeitspeicher – in den neu gelerntes nur sehr langsam und selten in vollem Umfang Einlass findet – eine in ihren Grenzen noch unbekannte Kapazität aufweist (vgl. Anderson, 1989), verfügt der Kurzzeitspeicher – in dem neu gelerntes nur kurz haften bleibt – lediglich über eine sehr geringe Kapazität. Miller (zitiert nach Kintsch, 1982) konnte zeigen, dass die unmittelbare Gedächtnisspanne zwischen fünf und neun, durchschnittlich sieben, Speichereinheiten, beträgt. Nun ist es so, dass verbale Informationen, bevor sie langfristig gespeichert werden können, im Kurzzeitgedächtnis abgelegt sein müssen. Bedenkt man darüber hinaus, dass die den SchülerInnen innerhalb nur einer Schulstunde

zugemutete Informationsmenge die Kapazität des Kurzzeitgedächtnisses bei weitem übersteigt, dann verwundert es kaum, dass diese Informationen – wenn überhaupt (vgl. Dorn 2003; 2015) – nur sehr bruchstückhaft im Langzeitgedächtnis gespeichert werden. Diesem Umstand trägt LUS® mit dem „Konzept der Kerninformation" Rechnung. Eine Kerninformation ist so strukturiert, dass sie die Kapazität des Kurzzeitgedächtnisses nicht überschreitet und dabei dem propositionalen Speichermodus des Langzeitgedächtnisses entgegenkommt. Theurl gibt aus der schulischen Praxis die Faustregel aus, dass man sie in rund zehn Sekunden aussprechen können sollte. Theurl weiter: „Neben diesem formalen besitzt die Kerninformation aber auch einen inhaltlichen Aspekt, der vielleicht noch wichtiger ist: Als Kerninformationen gelten nämlich nur solche Inhalte die entweder unerlässlich sind für die Beherrschung eines Stoffgebiets oder solche, von denen der Unterrichtende möchte, dass seine Schüler sie nach Möglichkeit ein Leben lang beherrschen". Für Lehrende bedeutet dies, dass sie nach kritischer Durchsicht des Jahresstoffs oftmals feststellen werden, dass weniger „Kerninformationen" übrig bleiben als sie erwarten, womit sie sich auf weniger Stoff konzentrieren können. Für die SchülerInnen liegt der Vorteil der Arbeit mit Kerninformationen vor allem darin, dass sie nicht mit allzu viel unnötigem Wissen belastet werden und dass sie das, was von ihnen verlangt wird, bereits in der Schule lernen können. Darüber hinaus zwingt die Arbeit mit Kerninformationen sowohl Lehrende als auch Lernende äußerst präzise und zielstrebig zu arbeiten. Theurl: „Die Gefahr, sich in sinnlosen Einzelheiten zu verlieren, ist wesentlich kleiner als bei herkömmlichem Arbeiten. Was im Übrigen als Kerninformation zu gelten hat, entscheidet einzig und allein der Lehrer, es erfolgt von dieser Seite her also keinerlei Einmischung in seine Freiheit. Im Gegenteil gewinnt er an Freiheit, weil er dem Diktat seines Lehrbuches entronnen ist, plötzlich Dinge tun kann, für die vorher nie Zeit übrig war."

- Vergessen und Wiederholen
  Vor mittlerweile mehr als hundert Jahren wies Hermann Ebbinghaus (1898, zitiert nach Guttmann, 1990) erstmals nach, dass ein einmal gelernter Lernstoff, der anschließend sich selbst überlassen bleibt, innerhalb kürzester Zeit um 80% zerfällt.

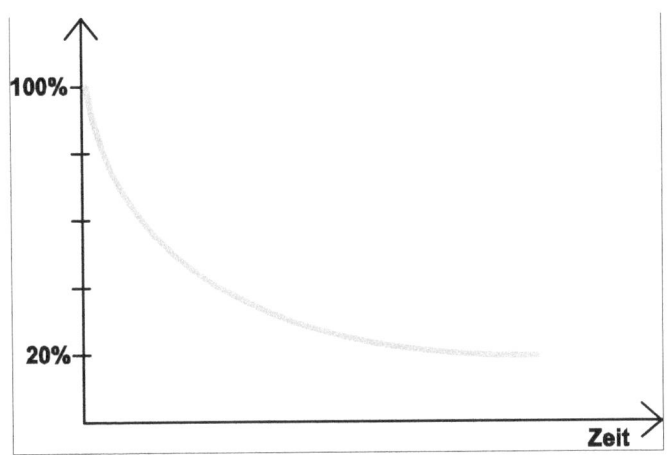

Abb.: Die Vergessenskurve nach H. Ebbinghaus

Gegen das Vergessen gibt es im Grunde genommen nur eine einzige Maßnahme: das Wiederholen des Gelernten. Dabei ist darauf zu achten, dass zwischen Erstlernen und Wiederholen bereits so viel vergessen worden ist, dass eine Repetition sich auch „rentiert" (Gefahr des Überlernens), gleichzeitig aber nicht so viel, dass man mit dem Lernen quasi von vorne beginnen müsste. In seiner Dissertation an der Uni Wien ermittelte Trittremmel (1986) die optimalsten Zeitabstände zwischen Lernen und Wiederholen bzw. Wiederholen und Wiederholen. Langzeitwiederholungen sollten demnach am sinnvollsten im Tages- bzw. Wochenabstand durchgeführt werden.

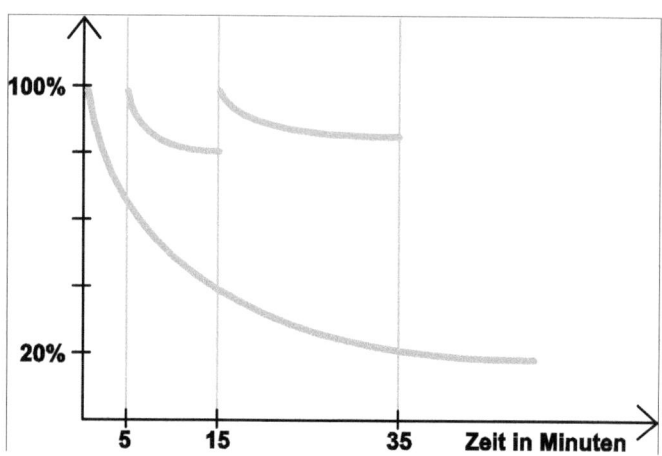

Abb. Wiederholung und Vergessen: Der Einfluss von Wiederholungen auf das Vergessen - mit jeder Wiederholung wird der Verlauf der Vergessenskurve flacher.

- Imagery
  Wenn bisher von Lernen und seinen Mühen gesprochen wurde, so bezog sich das Gesagte immer auf das Lernen verbaler Informationen. Bei anderen Arten von Inhalten, etwa bildhaften, sind z.T. andere Mechanismen für Aufnahme und Speicherung verantwortlich. So steht beispielsweise fest, dass es in unserem Gedächtnis mindestens zwei Speichermodalitäten gibt, eine verbale und eine imaginative (Theorie der dualen Kodierung nach Paivio, 1971). Der imaginative Speicher ist dem verbalen hinsichtlich Flexibilität, Geschwindigkeit und Kapazität

deutlich überlegen (Anderson 1989). Wenngleich nicht alle Menschen im selben Maße in der Lage sind, bildhafte Vorstellungen zu generieren und ihre Lernleistung damit zu erhöhen, so ist das eine Fähigkeit, die bis zu einem gewissen Grad trainierbar ist und somit in jedem schulischen Unterricht eingesetzt werden kann.

- Levels of Processing (LOP)
Das Modell des LOP geht davon aus, dass bei Wahrnehmungs- bzw. Verarbeitungsprozessen eine rasche Analyse von Reizen aller Sinnesgebiete auf verschiedenen Ebenen stattfindet. Für Lernprozesse bedeutet das, dass hauptsächlich die Art und Weise, wie der Lernende mit seinem Stoff „umgeht", für die Ausprägung und Dauer einer Gedächtnisspur verantwortlich ist (Craik & Tulving, 1975). Tiefe Verarbeitungsprozesse bei Lernmaterial können sehr leicht durch entsprechende Aufgabenstellungen induziert werden (Metzig & Schuster 1982).

- Hemmungen
Von den sieben Lern- oder Gedächtnishemmungen, Hubert Rohracher (1988) in seiner Einführung in die Psychologie bespricht, sind für das schulische Lernen vor allem die retroaktive-, die proaktive- und die

Ranschburgsche oder Ähnlichkeitshemmung, ein Spezialfall der retroaktiven, von Bedeutung (vgl. Theurl, „Lernen unter Selbstkontrolle® – eine Einführung"). Für das Lernen bedeutet dies alles, dass es höchst ratsam ist, nach jedem Lerndurchgang wenigstens fünf Minuten Pause einzulegen, und möglichst unterschiedliche Stoffgebiete nacheinander zu bearbeiten, um die Hemmwirkungen zu minimieren.

Basierend darauf ergibt sich im Hinblick auf die Unterrichtsgestaltung das folgende didaktische Modell (nach Univ. Prof. Dr. Giselher Guttmann, zitiert nach Dr. Peter Theurl, „Lernen unter Selbstkontrolle® – eine Einführung"):

- Aktivierungsphase:
  Das Aktivierungsniveau der Schüler wird mit Hilfe von Entspannungsverfahren und anschließenden aktivierenden Übungen in den mittleren Bereich gebracht und ein optimal lernbereiter Zustand induziert.
- Informationsphase:
  In ihr wird die entsprechend vorbereitete Kerninformation präsentiert und möglichst darauf geachtet, dass auch ein Einprägen derselben stattfindet.

- Konsolidierungsphase:
Das Stoffgebiet wird für mindestens fünf Minuten verlassen, damit die Information ungestört eingeprägt werden kann.
- Wiederholungsphase:
Die Kerninformation wird wiederholt, wobei darauf zu achten ist, dass es sich dabei um keine bloße Repetition handelt, sondern um ein wiederholen im Sinne des LOP.
- Konsolidierungsphase:
Sie ist auch nach der ersten Wiederholung des Stoffes erforderlich.
- Wiederholungsphase: Sie sollte nach Möglichkeit noch in derselben Stunde erfolgen, in der die Kerninformation präsentiert wurde.
- Langzeitwiederholungen:
Mindestens zwei Langzeitwiederholungen im Tages- bzw. Wochenabstand gehören zum LUS-Unterrichtsmodell dazu.

Je nachdem, welchen Zweck die Kerninformation erfüllen soll, wird zwischen zwei Modellvarianten unterschieden:

- Modelleinheit 1
Deduktive Informationseinheit: Es wird hierbei den Schülern ein vollkommen neues Stoffgebiet präsentiert. Die Kerninformation

steht am Beginn einer Stunde, die ihrerseits der Beginn einer längeren Unterrichtssequenz sein kann, in der Konsequenzen, Schlussfolgerungen und Ableitungen erarbeitet und besprochen werden, die sich aus der Kerninformation ergeben. Diese sogenannte „deduktive Informationseinheit" wird am zweckmäßigsten dann zur Anwendung kommen, wenn wichtige Grundbegriffe oder Fertigkeiten, die für die weitere Erschließung eines Stoffgebietes unerlässlich sind, gelernt werden sollen.

- Modelleinheit 2
  Induktive Informationseinheit: Hier bildet die Kerninformation die schlagwortartige Zusammenfassung der wesentlichen Aspekte einer vorangegangenen, u.U. mehrere Stunden umfassenden, Unterrichtssequenz, in der ein bestimmtes Stoffgebiet ausführlich erarbeitet wurde. Diese sogenannte „Induktive Informationseinheit" bietet sich vor allem dann an, wenn beispielsweise nach einer Phase entdeckenden Lernens der Ertrag desselben gesichert werden soll.

Es ist wichtig zu betonen, dass derartige Modelleinheiten eher die Ausnahme im schulischen Alltag bilden und herkömmliches Unterrichten, wie es eine Lehrperson üblicherweise praktiziert, durchaus seinen Platz neben dem LUS® behalten kann.

LUS® in der technologieunterstützten Wissensvermittlung

Medien + Gehirn = Schule + Computer

Eine Gleichung die so einfach sicher nicht zu lösen ist, weil sie ausschließlich aus weitgehend unbekannten oder manipulierten Größen besteht (vgl. u.a. Dorn 2003, 2015; Hentig 1997, 2001; Myrtek & Scharff 2001; Weizenbaum 1967, 1978, 1984, 1993, 2002). Eine Ökonomisierung, die alle Bereiche des Lebens erfasst hat, ist zum Maßstab sämtlicher Bezüge geworden. Steigender Druck und steigende Geschwindigkeit haben eine Neuorganisation der Arbeitswelt notwendig werden lassen, die bis hinein in private und familiäre Bezüge wirkt.[9] Prä-digital[10] sozialisierte, von der Medialität getriebenen Eltern verstehen ihre medial durchdrungenen, post-digital[11] sozialisierten Kinder nicht mehr.[12] Die Konsequenz

---

[9] Vgl. u.a. Daniel Amor, Die E-Business-(R)Evolution, Übersetzer Locasoft GmbH (Bonn: Galileo, 2000); Conny Herbert Antoni und Tom Sommerlatte, Hrsg., Report Wissensmanagement: Wie deutsche Firmen ihr Wissen profitabel machen (Düsseldorf: Symposium, 1999); Andrea Back, Oliver Bendel und Daniel-Stoller-Schai, E-Learning in Unternehmen: Grundlagen, Strategien, Methoden, Technologien (Zürich: Füssli, 2001); Tim Cole, Erfolgsfaktor Internet: Warum kein Unternehmen ohne Vernetzung überleben wird (München: Econ, 2000); Christian Dorn und Dietmar Treichel „eContent synergetisch: Mensch, Organisation, Technik: Ein integrativ-systemischer eBusiness-Ansatz für intelligente Unternehmen", Problemsituationen als Gefüge von Wirkungen, Hrsg. Martin Lehner und Falko Wilms (Berlin: Wissenschaftlicher Verlag, 2001) 149-179; Peter Glotz, Die beschleunigte Gesellschaft (München: Kindler, 1999); Armin Pongs, In welcher Gesellschaft leben wir eigentlich? Gesellschaftskonzept im Vergleich, 2 Bde. (München: Dilemma, 1999-2000).

[10] prä-digital sozialisiert: Vor der massenhaften Verbreitung von Computer, Internet und Privatfernsehen (1990), älter als 20 Jahre; digital sozialisiert: Mit Beginn der massenhaften Verbreitung von Computer, Internet und Privatfernsehen (1990), nicht älter als 10 Jahre

[11] post-digital sozialisiert: Mit Beginn der massenhaften Verbreitung von Computer, Internet und Privatfernsehen (1990), nicht älter als 2 Jahre

[12] Vgl. Michael Myrtek und Christian Scharff, Fernsehen, Schule und Verhalten (Bern, Hans Huber 2000).

der Sprachlosigkeit forciert in der Folge eine Segregation der Sozialisationsinstanzen (vgl. Dorn 2003, 2015).

Ergebnisse wie die der verschiedenen Pisa-Studien, aber auch die der aktuellen Studie des BKA zur Jugendgewalt an deutschen Schulen, treffen nur scheinbar überraschend, machen dabei aber immer deutlicher, dass Schule und SchülerInnen nicht mehr kompatibel sind. Als das Zaubermittel gegen diese äußerst komplexe Problemlage wird seit einiger Zeit – und aktuell wieder verstärkt – das Thema „eLearning" als die zukunftsweisende Methode der Wissensvermittlung diskutiert:

„Allerdings greifen die bisherigen Konzepte zu kurz, haben mit Bildung im humanistischen Sinn wenig bis nichts zu tun, vermitteln bestenfalls information on demand und spielen damit der Ökonomisierung in die Hände. Fortschritt kann der Medieneinsatz für den Bildungsbereich nur dann bedeuten, wenn er nicht als Ergebnis des technisch Machbaren verstanden wird, sondern stets den Menschen als Mittelpunkt des Systems begreift. Bloße wirtschaftlich orientierte Wissensvermittlung on demand unter Vernachlässigung der humanistischen Bildungsintention unterläuft die Emanzipation der post-digitalen Generation, mit der Folge, dass das Leben medial sozialisierter

RezipientInnen und deren Sozialisation – forciert durch die Medialisierung und mediale Durchdringung[13] – von ausschließlich medialem Inhalt kommerzieller Intention bestimmt werden."[14]

Es ist nicht davon auszugehen, dass die Medialisierung der Gesellschaft rückgängig zu machen ist. Ich gehe davon aus, dass dieser Umstand – auch wenn es mir anders lieber wäre – durchaus im Sinne einer humanistischen Bildungsintention (wie sich auch Guttmann und Theurl vertreten) nutzbar gemacht werden kann. Er geht in seinem Ansatz davon aus, dass angesichts zunehmend medial sozialisierter RezipientInnen der Zugang über die Faszination Technik der möglicherweise einzig verbleibende ist. Werden NM in den Wissensvermittlungsprozess einbezogen eröffnet dieser Zugang die Möglichkeit,

„[. . . .] Raum für die aktive und kritische Auseinandersetzung mit der Medialität zu schaffen

---

[13] Mediale Durchdringung meint die Wirkung digital manipulierter Kommunikate sowohl auf das Individuum als auch auf das gesellschaftliche (soziale) Wirkungsgefüge. Abhängig vom Grad der (absoluten und relativen) Medialisierung ist diese Wirkung unausweichlich.

[14] Vgl. Christian Dorn, Mediale Sozialisation und eEducation, (Liechtenstein: Universitätsverlag,2003)

und damit einen Weg zurück in einen wertepluralistischen und menschzentrierten Diskursraum zu bahnen, in dem für ein soziales Miteinander in einer intakten Ökologie Interesse geweckt, Wissen vermittelt und Erkenntnis unterstützt wird. Es muss künftig darum gehen, mit Hilfe der NM die Transformations- und Manipulationspotentiale der NM zu offenbaren, zu kompensieren und darüber hinaus diese im Sinne einer humanistischen Bildung zielführend zu instrumentalisieren, um damit einem medial transformierten Menschenprofil gerecht zu werden. Dies kann nur dann gelingen, wenn die künftigen Reformen des Bildungswesens die Bedürfnisse der medial sozialisierten RezipientInnen ernst nehmen, wenn technologieunterstützte Lehre nicht substituierend, sondern hybrid gedacht und wenn ein aktiver, kritischer und konstruktiver Umgang mit Medien und medialen Inhalten an den Schulen gefördert wird."[15]

Neben der Vermittlung von fachspezifischen Kompetenzen müssen künftig in einem ersten

---

[15] Vgl. Christian Dorn, Mediale Sozialisation und eEducation, (Liechtenstein: Universitätsverlag, 2003)

Schritt insbesondere folgende Fähigkeiten vermittelt werden:[16]

- Fähigkeit zu Interaktion, Kollaboration und solidarischem Handeln
- Fähigkeit, (soziale) Lern- und Arbeitsprozesse in Gruppen selbst zu definieren und organisieren
- Fähigkeit, das eigene Sein (Anliegen, Interessen, Wünsche etc.) zu erfahren, zu bewahren und auch öffentlich zu artikulieren
- Fähigkeit, Optionen individueller und kollektiver Einflussnahme zu erproben und entsprechende Methoden zu entwickeln
- Fähigkeit, zwischen Realität und Medialität zu unterscheiden, respektive Manipulations- und Transformationspotenziale zu erkennen
- Fähigkeit, durch eigenen Umgang mit Medien (Medienkompetenz) Phantasie und Kreativität bei der Gestaltung von medialen Kommunikaten zu entwickeln

---

[16] Vgl. Stefan Aufenanger, „Medienbildung in der Betreuungszeit von Grundschulkindern: Konzept und Ergebnisse eines Projekts in Ravensburg und Reutlingen im Auftrag der Stiftung Ravensburger Verlag", Juni 2002, 18. Januar 2003 <http://aufenanger.erzwiss.uni-hamburg.de/Materialien/KonzeptMedienbildungRavensburg.pdf>.

- Fähigkeit, sich auch auf unscheinbare Inhalte einzulassen (Aktivierung und Motivation), sich kontinuierlich damit auseinander zusetzen (Aufmerksamkeit und Konzentration)

Kombiniert man diese Forderungen von Aufenanger mit den Feststellungen von Richter (vgl. Richter 2001) und den Schlussfolgerungen von Dorn und stellt diese dann den von Guttmann und Theurl nachgewiesenen und postulierten Wirkungen von LUS® (Lern- und Leistungsoptimierung, Stressbewältigung, Persönlichkeitsentwicklung etc.) gegenüber, dann kann der nächste Schritt eigentlich nur in der Entwicklung einer integrierten Form technologieunterstützter Wissensvermittlung, basierend auf der Kombination aktiver, reflektierter Medienarbeit und LUS® bestehen.

„Resümierend kann somit im Rückblick auf rund 20 Jahre LUS®-Forschung festgestellt werden, dass eine Vertrautheit mit Selbstkontrolltechniken, die geeignet sind, um mit Angst und Stress-Situationen fertig zu werden oder die ermöglichen, im entscheidenden Augenblick eine optimale Leistung zu erbringen wohl als eine der wichtigsten Serviceleistungen anzusehen sind, die wir einem Schüler anbieten können. So ist mein besonderer Wunsch an die Schule der Zukunft, neben allen anderen schulischen Zielen die in unserem

Kulturkreis vergessene Kunst der Kontemplation in Erinnerung zu rufen."

(Quelle: Univ. Prof. Dr. Giselher Guttmann, „Lernen in der Schule der Zukunft")

eLearning + LUS® = eLUS, oder?

Kombiniert man eLearning mit LUS® erhält man eLUS (eLearning unter Selbstkontrolle). Da aber im Verständnis von Guttmann, Theurl und Dorn eLearing stets als eine hybride Form der Wissensvermittlung definiert wird, bestehend sowohl aus präsenz- als auch aus technologieunterstützten Teilen, geht diese „Gleichung" nicht auf. eLearning wird in dieser Konstellation als *blended learning* bezeichnet. Adaptiert man nun diese Form der human-technologieunterstützten Wissensvermittlung nun durch den ergänzenden Einsatz von LUS®, spricht man von bLUS.

Problematisch ist in diesem Zusammen die noch immer ungeklärte Frage nach dem optimalen quantitativen (wie lange wird wie vermittelt) aber auch qualitativen (was wird – wie – in welcher Darbietungsform vermittelt) Verhältnis von Präsenz- und technologieunterstützten Vermittlungseinheiten.

Ich vertrete hierzu die Meinung, dass theoretische Basisinformationen den RezipientInnen ohne weiteres über die Brücke der Technologie zugänglich gemacht werden können, um so in den Präsenzeinheiten Raum zu schaffen, um u.a. den von Aufenanger geforderten Erwerb der

- Fähigkeit zu Interaktion, Kollaboration und solidarischem Handeln
- Fähigkeit, (soziale) Lern- und Arbeitsprozesse in Gruppen selbst zu definieren und organisieren
- Fähigkeit, das eigene Sein (Anliegen, Interessen, Wünsche etc.) zu erfahren, zu bewahren und auch öffentlich zu artikulieren
- Fähigkeit, Optionen individueller und kollektiver Einflussnahme zu erproben und entsprechende Methoden zu entwickeln

zu begleiten und zum Beispiel die u.a. von Guttmann dringend angemahnte Integration von Kindern „nicht deutscher Herkunftssprache" (vgl. hierzu auch Richter 2001, Bölsche 2002) zu unterstützen zu können.

In jedem Fall birgt eine solche Kombination, auch angesichts dieser – noch – offenen Fragen, große Vorteile. Es ist bekannt, dass sich eine Mehrfachkodierung der Lerninhalte in der Regel günstig auf die Behaltensleistung auswirkt (vgl. Paechter 1997, S. 225, Paivio 1971). Eine solchermaßen multimodale und multikodale Aufbereitung ist mit Hilfe NM möglich. Erfolgt die Darstellung darüber hinaus über eine geeignete Lernumgebung kann sichergestellt werden, das jeder individuelle Lernertyp eine optimale Berücksichtigung findet.

Nachdem wir uns nun die Sinnhaftigkeit einer Kombination von LUS® und „eLearning" erschlossen haben, stellte sich nun die Frage, wie eine solchermaßen integrierte Lerneinheit strukturiert sein müsste, damit alle Vorteile der beiden Vermittlungsmethoden zur Entfaltung gelangen können.

Adaption der Urform – Integration der Methoden

„Natürlich kann LUS® auch beim eLearning eingesetzt werden. Was spricht denn dagegen, dass man sich vor dem Computer entspannt?", erklärt Dr. Peter Theurl im Rahmen unsers Interviews. In diesem Zusammenhang sei noch einmal ausdrücklich darauf hingewiesen, dass „eLearning" hier ausschließlich als *blended learning* gedacht wird. Um diese viel gebrauchte Worthülse zu füllen und um ein gemeinsames Verständnis zu schaffen, soll zunächst der Begriff des *blended learning* geklärt werden. Ich definiere *blended learning* als

„[. . . .] eine hybride Methode der Wissensvermittlung, die sowohl die Vorteile Neuer Medien, als auch die der klassischen Präsenzlehre im Hinblick auf einen für den individuellen Lerner optimalen Lernprozess nutzt. Dementsprechend – und das ist entscheidend – wird ein abgeschlossenes Stoffgebiet didaktisch gegliedert, aufbereitet, arrangiert und dargeboten. So gedacht, ist die Methode des blended learning die Methode, die den durch das „eLearning" der Medialität vor den Bildschirm verbannten Menschen, wieder ein Stückchen weiter ins Zentrum des humanistischen Bildungsideals und des bewussten Lebens rücken könnte."

Diese Definition beinhaltet bereits die Intention des LUS® und bildet damit die ideale Basis für eine Integration der Methoden, die beide den Menschen ins Zentrum stellen:

Blended learning im engeren Sinn bedeutet damit (nach Dorn), durch den Einsatz von Neuen Medien die humanbasierte Wissensvermittlung soweit zu individualisieren, dass diese jedem Lernertyp und jeder -befähigung gerecht wird. Dies geschieht durch die Entlastung der Präsenzlehre von der Vermittlung z.B. theoretischer Grundlagen, von Vor- und Nachbereitung oder Illustrationen, bei gleichzeitiger Schaffung von Raum für eine reflexiv-konstuktive Kollaboration.

Blended learning im weiteren Sinn versteht sich (nach Dorn) als eine Möglichkeit der aktiven Medienarbeit, die dem humanistischen Bildungsideal verpflichtet, der Intention der persönlichkeits- und solidaritätsbildenden eEducation folgt. *Blended learing* bettet damit die unvermeidlichen „eLearning-Szenarien" in adäquate pädagogische und erzieherische Szenarien ein, die die Rückbezüglichkeit des Wirkungsgefüges der Medialität berücksichtigen.

„Die Medialität hat die Bewusstseinsstrukturen des Menschen und damit sein Handeln verändert. Will man nun Einfluss auf das Handeln nehmen, tut man gut daran, sich mit dem Bewusstsein des

Menschen auseinanderzusetzen und mit dem, aus dem Aufmerksamkeit Bewusstsein macht – Erinnerung."

(Quelle: Dorn, 2003, 2015)

Vor diesem Hintergrund stehen folgende Integrations-/Kombinationsmöglichkeiten des *blended learning* zur Disposition: >> folgende Seite…

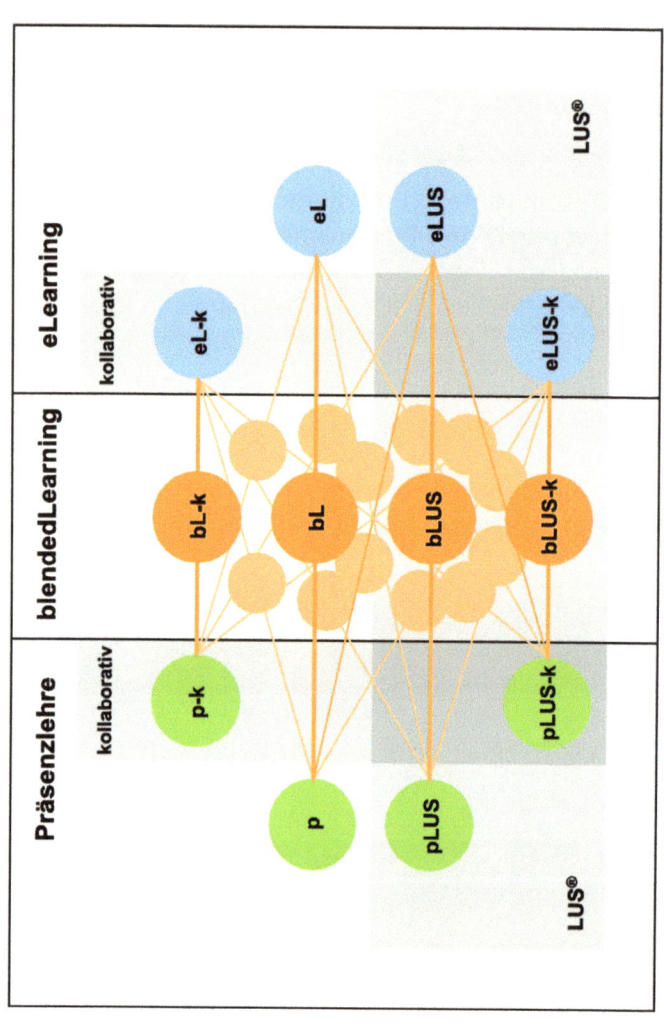

Abb.: Integrationsoptionen nach Dorn

Zeichenerklärung - Präsenzlehre

p-k	kollaborativer Präsenzunterricht
p	Präsenzunterricht
pLUS	LUS®-basierter Präsenzunterricht
pLUS-k	kollaborativer LUS®-basierter Präsenzunterricht

Zeichenerklärung - eLearning

eL-k	kollaboratives eLearning
eL	eLearning
eLUS	LUS®-basiertes eLearning
eLUS-k	kollaboratives LUS®-basiertes eLearning

Zeichenerklärung – blended learing

bl-k	kollaboratives blended learning
bl	blended learning
bLUS	LUS®-basiertes blended learning
bLUS-k	kollaboratives LUS®-basiertes blended learning

Damit wären zwar die grundsätzlich möglichen Arrangements im Sinne des *blended learning* unter Einbeziehung von LUS® geklärt, nicht jedoch die Variationen innerhalb der didaktischen Struktur eines abgeschlossenen Stoffgebiets. Hier bestehen folgende Möglichkeiten: >> folgende Seite…

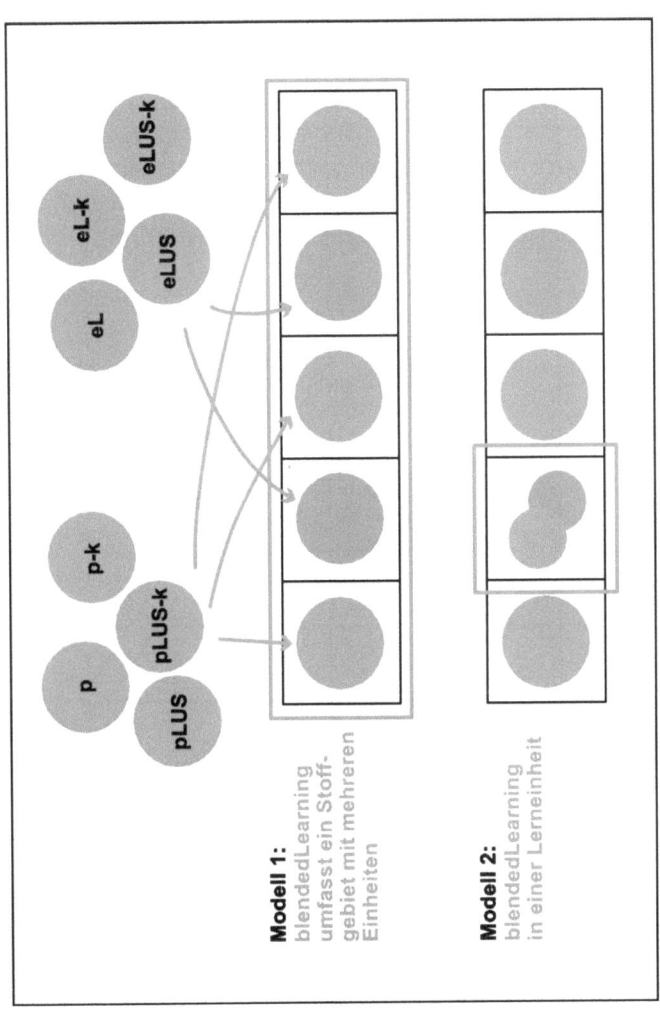

Abb.: Variationsoptionen innerhalb einer didaktischen Struktur

Mit den oben vorgestellten Arrangements können auch offene Formen der Wissensvermittlung (Gruppenarbeiten, Projektarbeiten etc.) abgebildet werden. Entscheidend, egal welche Arbeitsform gewählt wird, ist aber, dass eine Kerninformation isoliert und wiederholt wird, um entsprechend gespeichert werden zu können.

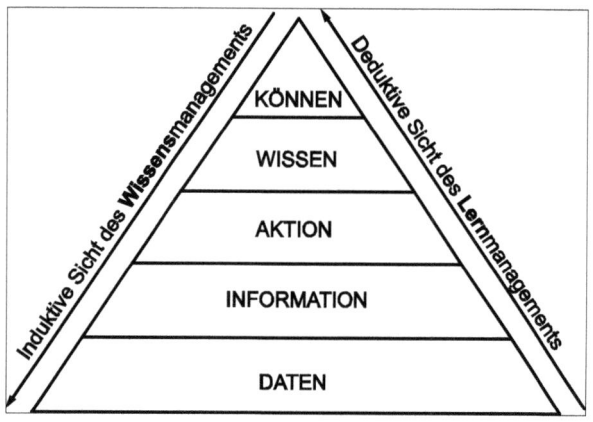

Abb.: Kompetenzpyramide (Quelle: Treichel)

Erfolgt die Wissensvermittlung deduktiv, wie dies im LUS®-Unterrichtsmodell dargestellt ist, wird die Kerninformation zu Beginn der Unterrichtseinheit gegeben. Die Wiederholungen können dann auf verschiedene Arten erfolgen, zum Beispiel als Aufgaben, die im Rahmen von Einzel- und Gruppenarbeiten bearbeitet werden – auch mit Hilfe des Computers! Wird Wissen dagegen induktiv – im Rahmen von Gruppenarbeiten oder

Projektarbeiten die auch über einen längeren Zeitraum andauern können etc. – generiert, dann bietet es sich an, aus den erarbeiteten Ergebnissen Kerninformationen abzuleiten, die dann auf geeignete Art dargeboten und wiederholt werden.

In diesem Zusammenhang wäre es interessant die Möglichkeiten zu besprechen, die vernetzte Computer zur Unterstützung von Gruppenarbeit bieten, allerdings würde das an dieser Stelle zu weit führen. Zu unterscheiden gilt es diesbezüglich allerdings zweierlei:

- Die Gruppenarbeit vor und mit dem Computer (Computer als Werkzeug)
- Die durch den (vernetzten) Computer unterstützte Gruppenarbeit

Der ersten Option gewinnt zum Beispiel auch Aufenanger durchaus etwas ab. Er hat im Rahmen einer Studie[17] festgestellt, dass im Rahmen eines solchen Settings, die soziale Interaktion zwischen den Gruppenmitgliedern durchaus gefördert wird und zwar derart, dass die Schwächeren von den Stärkeren lernen – und umgekehrt! Die zweite Alternative allerdings, kann durchaus als – technisch – noch nicht befriedigend gelöst bezeichnet werden. Die Probleme bestehen zum einen in der (oftmals) fehlenden Bandbreite (Übertragungsgeschwindigkeit) aber auch darin, dass der Aufwand bei der Mensch-Maschine-Mensch Interaktion / Kollaboration noch immer deutlich höher ist, als bei der Mensch-Mensch Interaktion / Kollaboration. Da Menschen in der Regel den Weg des geringsten Widerstandes gehen – das gilt insbesondere für Kinder und Jugendliche – funktioniert diese Option nicht. Die Schwellen zum/im Lernprozess sollten so niedrig wie möglich gehalten werden. Interessant ist in diesem Zusammenhang allerdings, das die netz-/computerunterstützte Kollaboration zum Beispiel im Rahmen verschiedener netzbasierter Computerspiele sehr gut funktioniert.

---

[17] Vgl. Stefan Aufenanger, „Medienbildung in der Betreuungszeit von Grundschulkindern: Konzept und Ergebnisse eines Projekts in Ravensburg und Reutlingen im Auftrag der Stiftung Ravensburger Verlag", Juni 2002, 18. Januar 2003 <http://aufenanger.erzwiss.uni-hamburg.de/Materialien/KonzeptMedienbildungRavensburg.pdf>.

VISION

Derzeit gilt es zwei Entwicklungen zu beobachten. Zum einen die Einführung / Forcierung von eLearning und zum anderen dessen immer komplexere Umsetzung.

Zur Einführung / Forcierung

eLearning kann angesichts der medialen Sozialisation jugendlicher RezipientInnen insbesondere im schulischen Umfeld mit Sicherheit positive Impulse setzen, allerdings nur dann, wenn durch dessen Einführung keine Stunden- oder Personalreduktion verbunden ist. Darüber hinaus muss bereits bei der Ausbildung von LehrerInnen darauf geachtet werden, dass ihnen das nötige mediendidaktische Know-how vermittelt wird (aktive Medienarbeit). Vor dem Hintergrund der medialen Sozialisation, die wir für evident halten, kann eLearning allerdings auch zu negativen Extremen führen, nämlich dann, wenn die Kinder und Jugendlichen auch im Bereich der schulischen Bildung einem Medium ausgeliefert werden, dann, wenn eLearning substituierend gedacht, Lehrinhalte weiter verdichtet und LehrerInnenstellen reduziert werden.

Zur Umsetzung

Werden eLearning-Strategien umgesetzt, leidet sehr oft die Qualität der Lehre. Nicht weil die Qualität der technischen Umsetzung immer schlecht wäre, nein, schlicht weil der Mensch von der Technik aus dem Zentrum der Überlegungen verdrängt wird. Im Rahmend des eLearning ist *blended learning* ein Schritt in die richtige Richtung, ebenso wie LUS® ein richtiger Schritt im Rahmen des Präsenzunterrichts darstellt. Kombiniert man nun beide Ansätze erhält man von allem das Beste. Sowohl die Methode des LUS® als auch die Methode des *blended learning* erfordern einen klar strukturierte Lehrinhalte. LUS® zur Isolierung der Kerninformationen und *blended learing* zur modalen/kodalen Aufbereitung und zur quantitativen und qualitativen Verteilung auf die Präsenz- und technologiebasierten Teile. LUS® begegnet darüber hinaus wirksam den Auswirkungen der medialen Transformationspotenziale (), optimiert die Lernleistung (Aufmerksamkeitsdefizit), unterstützt die Stressbewältigung (Hyperaktivität) und die Persönlichkeitsentwicklung (Rückzugstendenzen).

Da zu erwarten ist, dass der Mensch auch hier eher ökonomischen Bedingungen denn humanistischer Notwendigkeiten folgt, bleibt einzig zu hoffen, „dass es der Schule der Zukunft gelingt, sich neben allen anderen schulischen Zielen, die in unserem Kulturkreis vergessene Kunst der Kontemplation in Erinnerung zu rufen."

Um diese Ziele zu erreichen, haben wir gemeinsam mit einem engagierten Team das LUS®-Portal www.leusel.net initiiert. „Lernen mit Leusel" (dem Bären, © Astrid Valentin) soll

- Schülern die Möglichkeit bieten ihre Lernleistungen zu verbessern
- LehrerInnen bei ihrer Suche nach neuen Formen der Unterrichtsgestaltung – auch im Hinblick auf die Einführung von eLearning – und bei einem geplanten Einsatz von LUS® zu unterstützen
- Interessierten ein Forum geben, um Forschung, Entwicklung und Praxis so eng wie möglich miteinander zu verknüpfen

Nachfolgend ein paar erste Screenshots der in Arbeit befindlichen Plattform…

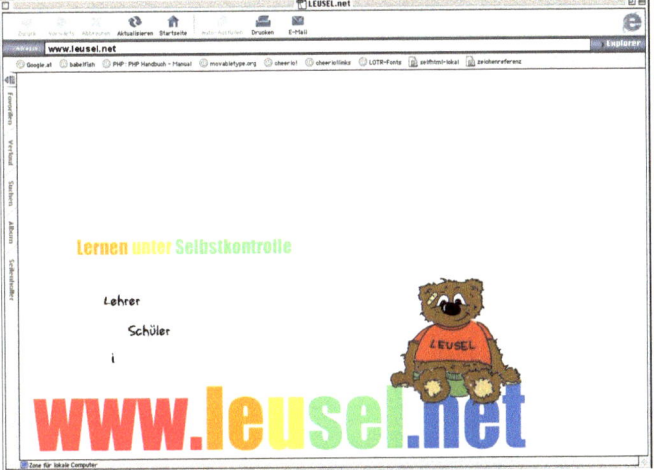

Abb. Startseite: Leusels zuhause – klar strukturierte Startseite mit 3 Zugängen für SchülerInne, für LehrerInnen und für an Forschung interessierte

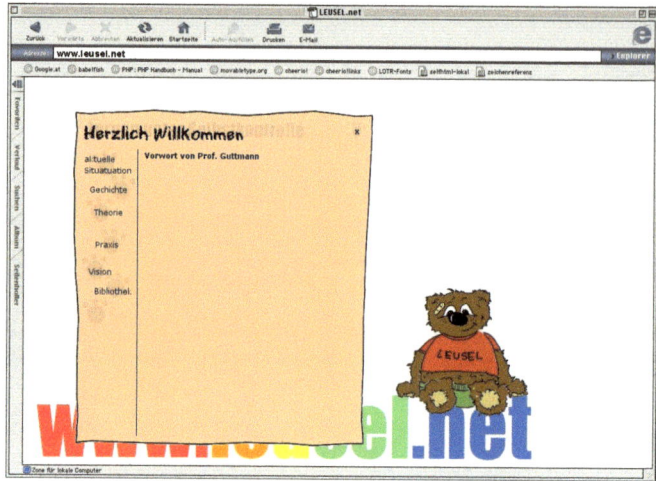

Abb. Intro: Vorwort von Prof. Gutmann sowie verschiedene Video-Interviews

Abb. Situationsbeschreibung: Dr. Dorn beschreibt die aktuelle Situation und die Prozesse der medialen Sozialisation

BIBLIOTHEK

Literatur…

Anderson, J. (1989). Kognitive Psychologie. Heidelberg: Spektrum-der-Wissenschaft-Verlagsgesellschaft.

Bauer, E. (1983). Das Guttmann-Vanecek-Modell an der AHS-Oberstufe in Mathematik. Unveröffentlichte Dissertation, Universität Wien.

Bauer, H. & Nirnberger, G. (1980). Paired Associate Learning with Biofeedback of DC Potential Shifts on the Cerebral Cortex. Archiv für Psychologie, 132.

Beiglböck,, W. (1983) Ergopsychometrische Diagnostik in der Sportpsychologie. Phil.Diss. Wien.

Bell, D. (1975) Die nachindustrielle Gesellschaft. Übersetzer Siglinde Summerer und Gerda Kurz. Campus: Frankfurt am Main.

Bischof, B. (1983). Psychologische und physiologische Moderatorvariablen in der Belastungsdiagnostik – eine sportpsychologische Untersuchung an Orientierungsläufern. Unveröffentlichte Dissertation, Universität Wien.

Bölsche, J. „Pfusch am Kind". Lernen zum Erfolg: Was sich an Schulen und Universitäten ändern muss. Spiegel Special 3 (2002): 6 – 21.

Dorn, Ch. (2003). Mediale Sozialisation und technologieunterstützte Wissensvermittlung: Neue Medien - neue Menschen - neue Didaktik; Eine

Systementwicklung auf Basis der Analyse menschlicher Bewusstseins- und Handlungsstrukturen vor dem Hintergrund einer immer authentischer werdenden Medialität (Liechtenstein: Universität für Humanwissenschaften Liechtenstein, Universitätsverlag)

Dorn, Ch. (2015). Mediale Sozialisation und eEducation. Neue Medien - Neue Menschen - Neue Didaktik: Eine **Konzeptentwicklung** auf Basis der Analyse menschlicher Bewusstseins- und Handlungsstrukturen vor dem Hintergrund einer immer komplexer und authentischer werdenden Medialität; Books on Demand.

Dorn, Ch. (2015). Salutogenese: Wie die Medialität die Kohärenz zerfrisst! Interdisziplinäre Psychosomatik: Medialität und Traumaprädisposition aus Sicht der Medien- und Sozialpsychologie; Books on Demand.

Dorn, Ch. (2015). Digital Storytelling: Pädagogik und Therapie für medial sozialisierte Menschen. Erziehung - Bildung - Heilung; Books on Demand.

Eichelter, M. (1990). Ergopsychometrie in der Schule. Die Wirkung von Stress auf das Leistungsverhalten unter dem Aspekt von Angstspezifität und Coping-Training. Diplomarbeit, Wien.

Fröhlich, Werner D. (2000, 23. Aufl.). Wörterbuch der Psychologie. München: dtv

Glotz, P. (1999). Die beschleunigte Gesellschaft (München: Kindler, 1999).

Goldbacher, M. (1996). Leistungsmäßige und soziale Auswirkungen des LUS®. Unveröffentlichte Diplomarbeit, Universität Wien.

Greiner, U. „Wenn der Druck steigt". Die Zeit 19 (2002). 18. Januar 2003 <http://www.zeit.de/2002/19/Kultur/print_200219_erfurt.html>.

Guttmann, G. & Bauer, H. (1984). The Brain-Trigger Design. A powerful tool to investigate Brain-Behaviour Relations. Annals of the New York Academy of Sciences. 671-675.

Guttmann, G. & Bauer, H. (1982) Learning and Information Processing in Dependence on Cortical DC Potentials. In: Sinz, R. & Rosenzweig, H. (Eds.): Psychophysiology. Jena.

Guttmann, G. & Beer, F. (1986). Lernen unter Selbstkontrolle. Das Wiener Unterrichtsmodell. Verlag für Jugend und Volk. Wien, 1986.

Guttmann, G. & Etlinger, S.C.(19??). Suceptibility to Stress and Anxiety in Relation to Performance, Emotion and Personality: The Ergopsychometric Approach. In: Spielberger, Ch.R. & Sarason, I.G. (Eds.): Stress and Anxiety, Vol 13. Hemisphere Publishing Corporation, NY.

Guttmann, G. (1990). Lernen. Die wunderbare Fähigkeit, geistige und körperliche Funktionen verändern zu können. Wien: htp-Verlagsgesellschaft.

Guttmann, G. (1982). Ergopsychometry - testing under physical or psychological load. German Journal of Psychology 6, 141-144.

Guttmann, G. (1984). Ergopsychometry. In: Corsini R., (Ed.): Encyclopedia of Psychology, 446-447. John Wiley and Sons.

Guttmann, G. (1990). Lernen. Die wunderbare Fähigkeit, geistige und körperliche Funktionen verändern zu können. hpt-Verlagsgesellschaft, Wien.

Guttmann, G. (1986) Wir lernen Lernen. Bundesministerium für Unterricht, Kunst und Sport. Wien.

Heitzlhofer, K. (1978). Der Appetenz-Aversions-Konfliktverlauf beim Klettern. Eine Typenanalyse. Phil.Diss. Wien.

Hentig von , H. (1997). Bildung: Ein Essay. München: Hanser.

Hentig von , H. (2001). Bildung. Weinheim: Beltz.

Isak, K. (1988). Die Wirkung von Stress und Angst auf das Leistungsverhalten von Schülern. Phil.Diss. Wien.

Kintsch, W. (1982). Gedächtnis und Kognition. Berlin: Springer

Krehan-Riemer, A. (1986). Ergopsychometrische Studie im Persönlichkeitsbereich - ein Vergleich der Persönlichkeitsvariablen unter ergopsychometrischer Belastung und unter neutralen Bedingungen. Phil.Diss. Wien.

Kryspin-Exner, I.: Ergopsychometrie und Hirnleistungsdiagnostik. In: Wittchen, H.U. (Hsg). Beiträge zur klinischen Psychologie und Psychotherapie. Regensburg 1987.

Lackner, E. (1979). Experimentelle Untersuchung über den Einfluss physischer und motorischer Fähigkeiten auf die Kletterleistung von Anfängern. Phil.Diss. Wien.

Mager, Robert F. (1977) Lernziele und Unterricht. Weinheim: Beltz.

Mayer, H. O. (2000) Einführung in die Wahrnehmungs-, Lern- und Werbepsychologie. München: Wissenschaftsverlag.

Monghy R. & Rutkowski, B. (1998). Es geht ums Lernen. Hölder-Pichler-Tempsky, Wien.

Monghy R. (1990). Der Trainingsweltmeister im Pflichtschulalter. Phil. Diss. Wien.

Myrtek, M. &, Scharff, C. (2000) Fernsehen, Schule und Verhalten: Untersuchungen zur emotionalen Beanspruchungen von Schüler. Bern, Huber.

Nagula, M. (2001). Tolkiens Welt: Von A wie Auenland bis Z wie Zauberring. München: Knaur.

Nirnberger, G. (1980). Gleichspannungsniveau des cerebralen Cortex und Lernlleistung. Unveröffentlichte Dissertation, Universität Wien.

Ostrander, S. & Ostrander, N. & Schroeder, L. (1979). Leichter lernen ohne Stress. Superlearning. Die revolutionäre Losanow-Methode zur Steigerung von Wissen und Gedächtnis durch müheloses Lernen. Bern und München: Scherz Verlag.

Paechter, M. (1997): Auditive und visuelle Texte in Lernsoftware. In: Unterrichtswissenschaft. Zeitschrift für Lernforschung, H. 3, S. 197-206, Weinheim

Paivio, A. (1971). Imagery and Verbal Processes. New York: Holt, Rinehart and Winston, Inc.

Reznicek, E. (1986). Diagnostik des Trainingsweltmeisters in der Schule und eine Untersuchung seiner Copingstrategien. Phil.Diss. Wien.

Richter, I. (2001). Die 7 Todsünden der Bildungspolitik. Weinheim: Beltz.

Rohracher, H. (1988). Einführung in die Psychologie (13., neu ausgestattete Aufl.). München: Psychologie Verlagsunion.

Roustayan, Y. (1988). Belastende Ereignisse als auslösende Situation des Asthmaanfalls im Kindes- und Jugendalter. Phil.Diss., Wien.

Schiesser, A. W.; Theurl, P. (2001). Manifeste und schulbezogene Ängste bei Volksschulkindern mit deutscher und nichtdeutscher Muttersprache. In: W. Weidinger (Hrsg.). Bilingualität und Schule, S. 254 – 275. Wien: öbv&htp.

Schwarz, U. (1986). Ergopsychometrische Testung von Patienten mit primärem Raynaud-Syndrom. Diplomarbeit, Wien.

Spitzer, M. (2000). Modelle für Lernen, Denken und Handeln. Heidelberg: Spektrum Akademischer Verlag

Spitzer, M. (2002). Gehirnforschung und Schule des Lebens. Heidelberg: Spektrum Akademischer Verlag

Steiner, F. (1987). Psychogramm eines Trainingsweltmeisters in der Schule. Phil.Diss., Wien.

Theurl, P. (1995). Angewandte Lernpsychologie in der Erwachsenenbildung. Phil.Diss., Wien.

Trittremmel, R. F. (1986). VergessensverLUS®t bei Wiederholungen mit unterschiedlichem Intervall. Unveröffentlichte Dissertation, Universität Wien.

Vanecek, E. (1982). Angewandte Lernpsychologie im Unterrichtsgeschehen. Ein Schulversuch in Zusammenarbeit des Instituts für Psychologie und dem Ludwig Boltzmann-Institut für Lernforschung. Unveröffentlichte Habilitationsschrift, Universität Wien.

Vanecek, E.: Angewandte Lernpsychologie im Unterrichtsgeschehen. Ein Schulversuch in Zusammenarbeit des Instituts für Psychologie der Universität Wien und des Ludwig Boltzmann Instituts für Lernforschung. Habilitationsschrift, Wien 1985.

Weingarten, P. (1980). Leistungsverhalten jugendlicher Sportler unter Berücksichtigung der Ergopsychometrie. Forschungsbericht des Bundesministeriums für Unterricht und Kunst. Wien.

Weizenbaum, J. & Haefner K (1990): Sind Computer die besseren Menschen? München: Piper.

Weizenbaum, J. (1967): Contextual Understanding by Computers. In: Comm. ACM, (10), S.474-480.

Weizenbaum, J. (1978): Die Macht der Computer und die Ohnmacht der Vernunft. Frankfurt/Main: Suhrkamp. [Orginalausgabe 1976 bei W.H. Freeman & Co. unter dem Titel Computer Power and Human Reason. From Judgement to Calculation]

Weizenbaum, J. (1984): Kurs auf den Eisberg. Die Verantwortung des einzelnen und die Diktatur der Technik. Zürich: pendo.

Weizenbaum, J. (1993): Wer erfindet die Computermythen? Der Fortschritt in den großen Irrtum (Herausgegeben von Gunna Wendt). Freiburg: Herder.

Weizenbaum, J. et al (2002): Vom Handeln im Netz. Dimensionen der Globalisierung. Berlin: form + zweck.

Einschlägige Literatur aus dem Wiener Institut…

Bernstein, D. A. & Borkovec, T. D. (1990). Entspannungs-Training. Handbuch der Progressiven Muskelentspannung (5., erweiterte Aufl.). München: Pfeiffer.

Craik, F.I.M. & Lockhart, R. S. (1972). Levels of Processing. A Framework for Memory Research. Journal of verbal learning and verbal behaviour, 11, 671-684.

Craik, F. I. M. & Tulving, E. (1975). Depth of Processing and the Retention of Words in Episodic Memory. Journal of Experimental Psychology: General, 104 (3), 268-294.

Gössler, C. (1990). Lernen unter Selbstkontrolle. Das Wiener Unterrichtsmodell praktiziert im Fürstentum Liechtenstein und Begleituntersuchungen zu den Themen: Trainingsweltmeister, Stressverarbeitungsstrategien, Klassenklima. Unveröffentlichte Diplomarbeit, Universität Wien.

Guttmann, G. & Bauer, H. (1984). The Brain Trigger Design. A powerful tool to investigate brain behavior relation. Annals of the Ney York Academy of Science. New York.

Guttmann, G. (1985).Lernen unter Selbstkontrolle bei Jugendlichen. In G. Nissen (Hrsg), Psychiatrie des Pubertätsalters (S. 77-89). Bern: Huber.

Hampel, P. & Petermann, F. (1998). Anti-Stress-Training für Kinder. Weinheim: Psychologie Verlags Union.

Hofmann, E. (1953). Der Einfluss des Zeitabstandes der Störung auf die rückwirkende Hemmung. Unveröffentlichte Dissertation, Universität Wien.

Isak, K. (1987). Die Wirkung von Stress und Angst auf das Leistungsverhalten von Schülern. Unveröffentlichte Diplomarbeit, Universität Wien.

Knifki, C. (1979). Transzendentale Meditation und Autogenes Training. Ein Vergleich. München: Kindler.

Lauber, W. (1977). Aktivierung und Gleichspannungs-EEG. Unveröffentlichte Dissertation, Universität Wien.

Mayrhofer, J. (1986). Die Bedeutung der Vorstellung im Segelsport: Eine ergopsychometrische Untersuchung. Phil. Diss, Wien.

Metzig, W. & Schuster, M. (1982). Lernen zu lernen. Anwendung, Begründung und Bewertung von Lernstrategien. Berlin: Springer Verlag.

Petermann, U. & Petermann, F. (2000). Entspannungsverfahren bei Kindern und Jugendlichen. In D. Vaitl, F. Petermann (Hrsg). Handbuch der Entspannungsverfahren. Bd. 1: Grundlagen und Methoden (2., überarbeitete Auflage, S. 392-415). Weinheim: Psychologie Verlagsunion.

Philipp, A. (1988). Ergopsychometrie im Leistungssport: Psychologische Aspekte der Leistungstestung unter Belastung. Phil.Diss. Wien.

Poterpin, E. (1997). Lernen unter Selbstkontrolle. Das Wiener Unterrichtsmodell. Quantitative und qualitative Erfassung des Lernertrages von LUS®-Stunden in der Volksschule. Unveröffentlichte Diplomarbeit, Universität Wien.

Rollett, B. & Bartram, M. (1981). Anstrengungs-Vermeidungs-Test. Westermann, Braunschweig.

Schiesser, A. W. (1996). Auswirkungen des Myo-Biofeedbacktrainings auf den dorsolateralen Unterarm bei linksseitigen Hemiphlegikern. Unveröffentlichte Dissertation,

Stöger, I. (1986). Die Auswirkungen der Progressiven Muskelentspannung auf die Konzentrationsleistung. Unveröffentlichte Dissertation, Universität Wien.

Taucher, P. (1982). Der Einfluss von Entspannungs- und Meditationstechniken auf das Lernvermögen von Schulkindern. Unveröffentlichte Dissertation, Universität Wien.

Theurl, P. (1995). Angewandte Lernpsychologie in der Erwachsenenbildung. Unveröffentlichte Dissertation, Universität Wien.

Theurl, P. (2001). Wichtige Aspekte der Arbeit mit Lernen unter Selbstkontrolle® an der Volksschule. (im Druck). Universität Wien.

Theurl, P.; Schiesser, A. W., Prieler, J. (2001). Die Auswirkungen von LUS® auf verschiedene Leistungs- und Persönlichkeitsvariablen bei Volksschulkindern mit deutscher und nichtdeutscher Muttersprache.

Trimmel, M. (1977). Die gelernte Triggerung der Alpha-Produktion im EEG. Unveröffentlichte Dissertation, Universität Wien.

Vaitl, D. & Petermann, F. (Hrsg). (2000). Handbuch der Entspannungsverfahren. Bd. 1: Grundlagen und Methoden (2., überarbeitete Auflage). Weinheim: Psychologie Verlagsunion.

AUTOR

Prof. Dr. Christian Ralf Dorn, geb. 1968, ist seit 15 Jahren als Professor für Psychologie und Sozialwissenschaften an der Fachhochschule Vorarlberg tätig. Er lehrt u.a. in den Studiengängen Soziale Arbeit und Mediengestaltung. Der ehemalige Polizist forscht heute als Diplomierter Sozialpädagoge und promovierter Psychologe an den Folgen einer zunehmend medialen Sozialisation. Sein Interesse gilt dabei primär den Auslösern sozialer Störungsbilder – insbesondere der Abhängigkeits- und Belastungsstörungen - und der Entwicklung von neuen (technologieunterstützten) Suchtpräventions- und Therapiemodellen. Ein besonderes Anliegen ist ihm sein Engagement für „Cannabis in der Medizin" und die Arbeit in der Legalisierungsbewegung.

Er war bisher u.a. tätig als...

- Streetworker
- Sozialpädagogischer Einzelbetreuer
- Leiter Sozialmanagement
- Leiter Kommunikation
- Kuratoriumsmitglied der Bundesstelle für Positivprädiktisierung für Computer- und Konsolenspiele des österreichischen Bundesministeriums für soziale Sicherheit, Generationen und Konsumentenschutz
- wissenschaftlicher Beirat der supromobil des Landes Vorarlberg (Krankenhaus, Therapiestation, mobile Sekundärprävention, Beratungsstellen)
- selbständiger Sozialpädagoge / Psychologe in eigener Praxis
- Notfallpsychologe und Einsatzleiter bei der BRK Wasserwacht

Leseempfehlung

Christian Dorn (2015)

**Digital Storytelling:
Pädagogik und Therapie für medial sozialisierte Menschen.**
Erziehung – Bildung - Heilung
Verlag:
BoD – Books on Demand, Norderstedt
ISBN: 978-3-73-479623-4

Aus dem Inhalt...

Medial sozialisierte Menschen denken, fühlen und verhalten sich anders, als ihre noch prä-digital sozialisierten Eltern. Sie stellen andere Ansprüche und benötigen eine andere Art der Zuwendung sowohl in der Pädagogik als auch im Rahmen therapeutischer Interventionen.

Das *Digital Storytelling*, wie ich es verstehe und praktiziere, stellt eine Art der Zuwendung dar, die medial sozialisierten Menschen (insbesondere Kindern und Jugendlichen) gerecht wird. Mein Vorschlag integriert sowohl eine pädagogische als auch eine therapeutische Komponente. Mit Hilfe dieser Methode - bei der aus alltäglichen / oder eben nicht alltäglichen Erleben, kleine Videogeschichten werden soll zum einen erreicht werden, dass in der "Medialität" vermittelte

Lebenskonzepte und daraus resultierende - oft schädliche oder belastende - Verhaltensweisen hinterfragt, relativiert und ggf. verändert werden können, und zum anderen, dass Wissen auf eine für medial sozialisierte Menschen entsprechende Art und Weise vermittelt werden (Psychoedukation). Die PatientInnen werden so in die Lage versetzt, ihrer erlebten Erinnerung – ihrer biografischen Geschichte im soziokulturellen Kontext und in Bezug zum jeweiligen Thema – Ausdruck zu verleihen, somit Bedürfnisse aber auch Befindlichkeiten bildlich und sprachlich zu artikulieren und damit eine Veränderung ihrer oftmals problematischen Situation herbeiführen.

Leseempfehlung

Christian Dorn (2015)

Mediale Sozialisation und eEducation. Neue Medien - Neue Menschen - Neue Didaktik:
Eine Konzeptentwicklung auf Basis der Analyse menschlicher Bewusstseins- und Handlungsstrukturen vor dem Hintergrund einer immer komplexer und authentischer werdenden Medialität

Verlag:
BoD – Books on Demand, Norderstedt
ISBN: 978-3-7347-8048-6

Aus dem Inhalt...

Durch hochauthentische, digital optimierte multimediale Kommunikate und eine adäquate Distribution erfolgt eine Überlagerung realer Lebenserfahrung durch mediale Scheinerfahrungen, die das Selbstverständnis und die Erwartungshaltungen Jugendlicher stärker als die Sozialisationsinstanzen Elternhaus und Schule prägen. Kinder und Jugendlichen wachsen heute in einem hochverdichteten Medienumfeld auf, in dem Medien Sozialisationsinstanz, Tagesbegleiter, Identifikationsstifter und Realitätsvermittler sind. Die Kompetenzen und Persönlichkeiten der PädagogInnen – wie auch die ihnen zur Verfügung stehenden Unterrichts(hilfs-)mittel – können damit kaum noch konkurrieren.

Diese Arbeit befasst sich mit dem Themenkomplex der psychophysiologischen Medienwirkung, der technologieunterstützten Bildung und der Schulentwicklung vor dem Hintergrund einer durch eine allgegenwärtige Medialisierung konstituierten Medialiät, die immer authentischer wird. Mit dieser Arbeit wird der Nachweis angestrebt, dass Medialisierung und mediale Durchdringung eine individuelle Medialität bedingen, die die Bewusstseins- und Handlungsstrukturen des Menschen, insbesondere die von Kindern und Jugendlichen transformiert. Im Rahmen dieser Arbeit werden diese Transformationspotentiale im Hinblick auf eine Neuausrichtung der Wissensvermittlung und Schulentwicklung isoliert, analysiert und zur Entwicklung eines Konzepts zur technologieunterstützten Wissensvermittlung instrumentalisiert. Aufbauend darauf wird beschrieben, wie mit Hilfe NM die schulformübergreifende Integration von Eltern, LehrerInnen, SchülerInnen und darüber hinaus von Unternehmen und Institutionen (Vorschule, Hochschule, Ministerien etc.) realisiert werden kann, welche Möglichkeiten sie eröffnet und welchen Fehlentwicklungen sie entgegenwirkt. Unter Einbeziehung NM eröffnet dieser Zugang die Möglichkeit, Raum für die aktive und kritische Auseinandersetzung mit der Medialität zu schaffen und damit einen Weg zurück in einen wertepluralistischen und menschzentrierten Diskursraum zu bahnen, in dem für ein soziales

Miteinander in einer intakten Ökologie Interesse geweckt, Wissen vermittelt und Erkenntnis unterstützt wird.

Leseempfehlung

Christian Dorn (2015)

Salutogenese:
Wie die Medialität die Kohärenz zerfrisst!
Interdisziplinäre Psychosomatik: Medialität und Traumaprädisposition aus Sicht der Medien- und Sozialpsychologie.

Verlag:
BoD – Books on Demand, Norderstedt
ISBN: 978-3-73-479558-9

Aus dem Inhalt...

Unsere Welt ist im Wandel. Eine Tatsache, die zwar offensichtlich aber dennoch – aufgrund der Geschwindigkeit und Komplexität – kaum greifbar ist. Dies gilt vor allem deshalb, weil sich die Medialität jedem Menschen in einer individuellen Ausprägung darstellt und ihre Transfomationspotenziale auf jeden Menschen aufgrund individueller Vulnerabilität, Plastizität, Quantität und Qualität zur Verfügung stehender Abwehrmechanismen und Bewältigungsfähigkeiten unterschiedliche Wirkungen entfalten.

Angesichts dieser Entwicklungen fällt es leicht Antonovskys Intension zu folgen. Offensichtlich korrumpiert die Medialität einen maßgeblichen Faktor, der in der Lage wäre ‚zu verhindern, dass sich *Spannungen* in *Belastung* verwandeln – das Kohärenzgefühl! Wir sind immer weniger in der Lage, die Anforderungen, die eine veränderte Arbeitswelt und zerfallende Familienstrukturen an uns stellen, zu bewältigen. Wie es scheint haben wir einen Punkt erreicht, ab dem ein zu großes Maß an anhaltendem oder wiederholtem Stress zusammen mit körperlichen Schwächen eine Gesundheitsgefährdung bedeutet. Vor diesem Hintergrund wird deutlich: Niemand ist vor einer Traumatisierung sicher, da es vermutlich für jeden Menschen Ereignisse und Situationen gibt, die entweder aufgrund ihrer Schwere, Konstellation oder ihrer Unvereinbarkeit mit dem menschlichem Selbstverständnis traumatisierend wirken. Stellt sich die Frage: Wie kommt es dazu?

In diesem kleinen Aufsatz möchte ich aus Sicht meiner Disziplinen und vor dem Hintergrund persönlicher Erfahrungen im Rettungsdienst, in der Krisenintervention und in der psychosozialen Beratung verdeutlichen, wie eine zur Medialität transformierte Realität das Kohärenzgefühl zerfrisst und somit Traumata begünstigt. Darüber hinaus möchte ich ein medienunterstütztes Präventions- und Therapiemodell zur Diskussion stellen, dass

in einer aus der Kohärenz geratenen Welt
traumaanfälligen Biografien
Kohärenzgefühl stiftet.